Die Bedrohung – § 241 I StGB

Europäische Hochschulschriften
Publications Universitaires Européennes
European University Studies

Reihe II
Rechtswissenschaft

Série II Series II
Droit
Law

Bd./Vol. 3194

PETER LANG
Frankfurt am Main · Berlin · Bern · Bruxelles · New York · Oxford · Wien

Michael Teuber

Die Bedrohung – § 241 I StGB

Strafrechtliche Reaktionsmöglichkeiten auf eine Drohung im Sinne des § 241 I StGB

PETER LANG
Europäischer Verlag der Wissenschaften

Die Deutsche Bibliothek - CIP-Einheitsaufnahme

Teuber, Michael:

Die Bedrohung – § 241 I StGB : strafrechtliche Reaktionsmöglichkeiten auf eine Drohung im Sinne des § 241 I StGB / Michael Teuber. - Frankfurt am Main ; Berlin ; Bern ; Bruxelles ; New York ; Oxford ; Wien : Lang, 2001
(Europäische Hochschulschriften : Reihe 2, Rechtswissenschaft ; Bd. 3194)
Zugl.: Freiburg (Breisgau), Univ., Diss., 2001
ISBN 3-631-38129-8

D 25
ISSN 0531-7312
ISBN 3-631-38129-8

www.peterlang.de

„Vom Drohen stirbt man nicht“

(altes dt. Sprichwort)

Inhaltsübersicht

Inhaltsverzeichnis

A. Einleitung

I. Ziel der Untersuchung

Ziel dieser Untersuchung ist es aufzuzeigen, welche strafrechtlichen Reaktionsmöglichkeiten bei einer Drohung im Sinne des § 241 I StGB legitimerweise bestehen. Auslöser dieser Überlegungen waren kritische Ausführungen zur geltenden Rechtslage aus der jüngeren Zeit[1]. Schroeder zweifelt an einer Berechtigung zur Bestrafung der ernst gemeinten Drohung, da sie sich in seinen Augen als eine „Warnung" darstellt, „für die das Opfer nur dankbar sein kann"[2] und die dem Täter „kaum als Unrecht angelastet werden [kann]"[3]. Darüber hinaus stehe die ernst gemeinte Drohung in einem Widerspruch zu der Aussage des § 138 StGB – denn, so Schroeder:

> „Wieso kann es, wenn Dritte sogar verpflichtet sind, dem „Bedrohten" die Bedrohung mitzuteilen (§138 StGB), für den potentiellen Täter selber strafbar sein? Nach einer immer mehr um sich greifenden Auffassung sind auch Teilnehmer und Mittäter selbst zur Anzeige verpflichtet; die Erfüllung dieser Pflicht kann offensichtlich nicht gleichzeitig nach § 241 StGB strafbar sein."[4]

Da die Fälle der subjektiv nicht ernst gemeinten, aber mit dem gewollten Anschein der Ernstlichkeit geäußerten Drohung bereits vom Wortlaut des § 241 II StGB erfasst sind[5], könne aus diesen Gründen Abs. 1 „als teils überflüssig, teils unberechtigt entfallen"[6]. Des weiteren kritisiert er die bestehende Rechtslage im Hinblick auf Sicherungsmaßnahmen, die das Opfer vor der Begehung der angedrohten Taten schützen können, als „Verletzung der Pflicht des Gesetzgebers

---

[1] *Schroeder*, Die Bedrohung mit Verbrechen, 1987, S. 665 ff; *Spendel*, Zum Problem der Bedrohung, 1992, S. 205 ff.
[2] *Schroeder*, Die Bedrohung mit Verbrechen, S. 671.
[3] *Schroeder*, Die Bedrohung mit Verbrechen, S. 672.
[4] *Schroeder* ebenda.
[5] Die Fälle der nicht ernst gemeinten Drohung sind deswegen vom Wortlaut des § 241 II StGB erfasst, weil derjenige, der mit einem Verbrechen droht und die Drohung nicht ernst meint, einem anderen wider besseres Wissen vortäuscht, dass die Verwirklichung eines Verbrechens bevorstehe. Soweit gesagt wird, dass eine nicht ernst gemeinte Drohung nur unter Absatz 1, nicht aber zusätzlich auch noch unter Absatz 2 falle, wird das nicht mit dem Wortlaut des Absatzes 2, sondern mit dem Verhältnis der Absätze zueinander begründet (*Eser* in S/S, § 241 Rn. 10; *Laufhütte*, Das Vierzehnte Strafrechtsänderungsgesetz, MDR 1976, S. 443). Danach wolle Absatz 2 über den Fall der tatsächlichen Bedrohung hinaus nur die Fälle erfassen, in denen der Täter ein (tatsächlich nicht geplantes) Verbrechen in Aussicht stellt, ohne aber dabei vorzugeben, auf dessen Verwirklichung (noch) Einfluss zu haben (*Eser* in S/S, § 241 Rn. 9, 10; *Laufhütte* ebenda).
[6] *Schroeder* ebenda.

zum Schutz des Lebens"[7]. In diese Kritik an einer höchst unbefriedigenden Rechtslage stimmt Spendel mit ein: „So kennt unsere Rechtsordnung keinen auch nur entfernt ausreichenden Schutz vor der Bedrohung durch einen gewalttätigen Menschen"[8]. Die nachfolgende Arbeit soll daher untersuchen, inwieweit ernst und nicht ernst gemeinte Drohungen verboten und sanktioniert werden dürfen sowie Sicherungsmaßnahmen zum Schutze der bedrohten Rechtsgüter getroffen werden können.

II. Überblick über die Drohung nach § 241 I StGB

Die Drohung dient bei § 241 I StGB nicht wie in anderen Straftatbeständen, in denen sie objektives Tatbestandsmerkmal ist, als Mittel zu einer (qualifizierten) Nötigung. Vielmehr geht es bei § 241 I StGB um die Strafbarkeit der Drohung oder – inhaltlich gleichbedeutend – Bedrohung an sich. Insofern lässt sich sagen, dass § 241 I StGB die „reine" Bedrohung erfasst. Lediglich in § 126 I StGB ist sie ebenfalls als eine reine Bedrohung enthalten. Dort hat sie jedoch, im Gegensatz zu § 241 StGB, nicht den Einzelnen, sondern die Allgemeinheit zum Opfer. Zur Unterscheidung dieser beiden Fälle soll daher die reine Drohung des § 241 StGB als einfache und die des § 126 I StGB als schwere reine Drohung bezeichnet werden[9].

Eine Drohung bezeichnet das Inaussichtstellen eines Übels, im Falle des § 241 I StGB: eines Verbrechens, auf dessen Eintritt der Täter Einfluss hat oder zu haben vorgibt[10]. Ob der Täter die Drohung tatsächlich zu realisieren beabsichtigt oder der Bedrohte ihm glaubt bzw. die Drohung ernst nimmt, ist unerheblich, solange sie objektiv den Eindruck der Ernstlichkeit erweckt[11]. Für den subjektiven Tatbestand genügt einfacher Vorsatz des Täters unter Einschluss des dolus eventualis bezüglich der möglichen Eignung seiner Äußerung, objektiv den Eindruck einer ernst gemeinten Drohung zu erwecken[12]. Mit Kenntnisnahme der

---

[7] *Schroeder*, Die Bedrohung mit Verbrechen, S. 673.

[8] *Spendel*, Zum Problem der Bedrohung, S. 205.

[9] Diese Begriffe knüpfen an Termini des älteren Schrifttums an (vgl. *Harster*, Das Strafrecht der freien Reichsstadt Speier, S. 257; *Hug von Schlieren*, Die Drohung im Strafrecht, S. 47; *Ritter*, Die Behandlung schädlicher Leute in der Carolina, S. 104). Darüber hinaus wurde seit dem Spätmittelalter in dem Umstand, dass sich die Drohung nicht gegen einen Einzelnen, sondern gegen die Allgemeinheit richtet, ein Erschwerungsgrund gesehen (siehe unten Fn. 92). Die Unterscheidung zwischen einfacher und schwerer Bedrohung findet sich auch in Arbeiten zu den Artikeln 128 und 176 CCC, Vorläufer der §§ 126, 241 StGB (vgl. *Ritter*, Die Behandlung schädlicher Leute in der Carolina, S. 94 ff, 104 mit weit. Nachw. und siehe unten B IV 1 (2)). Vgl. zur weiteren Entwicklung und Unterscheidung dieser beiden Drohungsarten Fn. 152.

[10] *Eser* in S/S, vor §§ 234 ff Rn. 30 ff, § 241 Rn. 4.

[11] *Eser* in S/S, § 241 Rn. 4.

[12] vgl. *Schäfer* in LK, § 241 Rn. 11.

Drohung durch den Bedrohten tritt Vollendung ein; die Erregung von Furcht oder die Herbeiführung anderer Erfolge ist nicht erforderlich[13]. Die Bedrohung ist somit in § 241 I StGB als abstraktes Gefährdungsdelikt ausgestaltet[14]. Rechtsfolge ist Freiheitsstrafe bis zu einem Jahr oder Geldstrafe. Von den zwei verschiedenen Rechtsfolgen, die das Strafrecht kennt, Strafe und Maßregel der Besserung und Sicherung[15], sieht der Bedrohungstatbestand somit nur die Strafe vor. Anknüpfungspunkt ist dabei die Bedrohung an sich, nicht die angedrohte Tat.

III. Gedankengang

Die nachfolgende Untersuchung widmet sich beiden Anknüpfungspunkten: der Androhung und den angedrohten Taten. Sie beantwortet zunächst die Frage, ob Strafe legitimerweise die Folge einer reinen Bedrohung sein kann. Anschließend fragt sie nach möglichen Sicherungsmaßnahmen zur Verhinderung der angedrohten Taten. Dabei bleibt der Blick nicht auf das materielle Recht beschränkt, sondern richtet sich auch auf das Strafprozessrecht, um die Möglichkeit vorläufiger Sicherungsmaßnahmen zu erkunden. Damit erfasst die nachfolgende Untersuchung alle strafrechtlichen Reaktionen, die sich an eine reine Drohung anschließen können.

1. Legitimation strafrechtlicher Reaktion im Hinblick auf die Bedrohung

Soweit die Bedrohung an sich betrachtet wird, stellt sich die Frage nach der Legitimation von Strafe. Der Beantwortung dieser Frage ist jedoch die zweier anderer logisch vorgeschaltet. Zunächst stellt sich die Frage nach dem Schutzgut des § 241 StGB. Denn das Strafrecht und mithin auch die Strafe für reine Drohungen dienen dem Rechtsgüterschutz[16]. Eine materiell-strafrechtliche Reaktion in Form von Strafe kann daher nur erfolgen, wenn das in Frage stehende Verhalten überhaupt ein Rechtsgut tangiert. Im Anschluss daran stellt sich die Frage, welche konkreten Verhaltensweisen zum Schutz des tangierten Rechtsgutes verboten werden dürfen. Die Frage nach der Verbots- oder Verhaltensnorm ist der Frage nach Sanktionen vorgelagert[17]. Denn wenn ein Verhalten nicht verboten werden kann, dann kann es auch nicht sanktioniert werden.

---

[13] *Schäfer* in LK, § 241 Rn. 12.
[14] *Eser* in S/S, § 241 Rn. 2; *Schäfer* in LK, § 241 Rn. 2.
[15] *Roxin*, Strafrecht AT, § 1 Rn. 1.
[16] Siehe unten C I 1 Fn. 171.
[17] *Freund*, Strafrecht AT, § 1 Rn. 12; *Frisch*, Strafbarkeitsvoraussetzungen einer modernen Strafgesetzgebung, S. 210; *derselbe* in: Tatbestandsmäßiges Verhalten und Zurechnung des Erfolges, S. 77 Fn. 33.

(1) Schutzgut des § 241 StGB

Die Frage nach dem Schutzgut des § 241 StGB ist noch ungeklärt. Im Schrifttum wird in der überwiegenden Zahl der Fälle der individuelle Rechtsfrieden genannt; weniger häufig findet man die Auffassung vor, dass Schutzgut eines reinen Bedrohungstatbestandes die Willensfreiheit sei. Ein Vergleich mit den Regelungen des amerikanischen und österreichischen Rechts wird jedoch eine dritte Möglichkeit zu Tage fördern, die sich als das von § 241 StGB zu schützende Interesse herausstellen wird: das Freisein von Angst und Schrecken. Es wird nachgewiesen, dass dieser Zustand als Rechtsgut qualifiziert werden kann. Schutzgut des § 241 StGB ist somit weder der Rechtsfrieden noch die Willensfreiheit, sondern das Freisein von Angst und Schrecken.

(2) Legitimation einer Verbotsnorm

Im Anschluss daran wird die Verhältnismäßigkeit einer Verbotsnorm sowohl für nicht ernst gemeinte als auch für ernst gemeinte Drohungen nachgewiesen. Dabei wird die Behauptung Schroeders, dass ernst gemeinte Drohungen „Warnungen" darstellten, die dem Täter nicht als Unrecht angelastet werden könnten[18], ebenso widerlegt wie die Annahme, dass die Anzeigepflicht des § 138 StGB zu einem Wertungswiderspruch führe, der das Verbot ernst gemeinter Bedrohungen entfallen lasse[19]. Die Ausführungen kommen zur Zulässigkeit eines Verbotes ernst gemeinter wie nicht ernst gemeinter (oder so wirkender) Drohungen.

(3) Legitimation von Strafe

Bei der Frage nach der Legitimation von Strafe ist nicht nur darauf hinzuweisen, dass eine Wiedergutmachung nach den Vorstellungen des Alternativ-Entwurfs Wiedergutmachung (AE-WGM) im Einzelfall ein milderes Mittel trotz gleicher Eignung sein kann und daher diese Möglichkeit in das Strafrecht aufgenommen werden sollte, sondern insbesondere aufzuzeigen, dass die konkrete Ausgestaltung der reinen Bedrohung als abstraktes Gefährdungsdelikt Fälle umfasst, deren Unwertgehalt die Untergrenze des Strafrechts nicht mehr überschreitet. In dieser Form lässt sich die reine Drohung folglich nicht als Straftat qualifizieren. Es wird dargestellt werden, dass sie nur in Form eines Erfolgsdeliktes den in der Strafe liegenden gewichtigen sozialethischen Vorwurf rechtfertigt.

2. Legitimation strafrechtlicher Reaktion im Hinblick auf die angedrohten Taten

---

[18] *Schroeder*, Die Bedrohung mit Verbrechen, S. 671 f.

[19] *Schroeder*, Die Bedrohung mit Verbrechen, S. 671.

Nach der Legitimation strafrechtlicher Reaktion im Hinblick auf die Drohung als solche richtet sich der Blick auf die Möglichkeit strafrechtlicher Reaktion in Bezug auf die angedrohten Taten. Ein Vergleich mit der Friedensbürgschaft[20] des schweizerischen Strafrechts wird Anregungen geben und zeigen, dass die Idee einer Sicherungsmaßnahme nicht abwegig ist. Die anschließende Verhältnismäßigkeitsprüfung der in Betracht kommenden Sicherungsmittel – Sicherungshaft, Führungsaufsicht, Kaution und die Aufforderung an den Täter, die Nichtbegehung der angedrohten Tat zu versprechen – führt zu dem Ergebnis, dass als legitime Sicherungsmaßnahme die Aufforderung zu dem Versprechen, die Tat nicht begehen zu wollen, in Betracht kommt. Die Aufforderung kann mit Beugehaft durchgesetzt werden und ist auch als vorläufige Sicherungsmaßnahme im Rahmen des Strafprozesses legitim, wie die anschließende Prüfung zeigen wird.

3. Rechtsgeschichte

Nachfolgend soll zuerst ein Blick in die Rechtsgeschichte geworfen werden, um zu zeigen, dass die Idee, auf eine reine Drohung Sicherungsmaßnahmen folgen zu lassen, nicht neu, sondern circa 900 Jahre alt ist.

---

[20] Der Begriff „Friedensbürgschaft" steht für eine Sicherungsmaßnahme, die, je nach Ausformung, das Versprechen, eine bestimmte Tat nicht begehen zu wollen, und eine Kautionsleistung oder ausschließlich eine Kautionsleistung vorsieht (vgl. unten B V 4 und C II 1 (2)).

B. Rechtsgeschichte

I. Einleitung

Der Blick des § 241 StGB ist ausschließlich auf die Bedrohung an sich gerichtet, nicht auf die angedrohten Taten. Effektive Sicherungsmaßnahmen im Falle einer Drohung werden weder vom Strafrecht noch vom Polizeirecht zur Verfügung gestellt[1]. Die Idee, die Rechtsfolgen des § 241 StGB auf Sicherungsmaßnahmen auszuweiten, scheint daher auf den ersten Blick neu zu sein. Die Rechtsgeschichte zeigt jedoch, dass dem nicht so ist. Vom 10.-16. Jahrhundert richtete sich das Interesse des Gesetzgebers ausschließlich auf die angedrohten Taten. Und soweit in den folgenden Jahrhunderten die Sicherungshaft von der Strafhaft abgelöst wurde, geschah dies nicht, weil man in der Bedrohung eine Rechtsverletzung erkennen konnte; sie wurde nicht als eigenständiger Tatbestand angesehen, sondern lediglich als entfernter Versuch des angedrohten Delikts. Andere subsumierten sie unter einen Auffangtatbestand, die „iniurie", der aus dem römischen Recht übernommen worden war[2]. In der Drohung an sich wurde erstmals im 19. Jahrhundert eine Rechtsverletzung gesehen. In das Reichsstrafgesetzbuch fand sie als eigenständiger Tatbestand Eingang. Allerdings erfolgte dies ausschließlich unter dem Gesichtspunkt der Strafbarkeit des Verhaltens an sich, nicht mehr im Hinblick auf die angedrohten Taten. Dass Sicherungsmaßnahmen in das Reichsstrafgesetzbuch keinen Eingang fanden, lag jedoch nur an kompetenzrechtlichen Gründen und nicht daran, dass man ihre Normierung für abwegig oder nutzlos hielt. Bevor die Frage beantwortet werden soll, ob einer solchen Normierung heutzutage das Verhältnismäßigkeitsprinzip im Wege steht, soll die Entwicklung der Drohung in der Rechtsgeschichte dargestellt werden. Das jeweilige Verständnis der Bedrohung soll dabei anhand eines kurzen Überblicks in den geschichtlichen Kontext gesetzt werden, um sein Zustandekommen besser begreiflich zu machen.

---

[1] Siehe unten C II 1 (1).

[2] Die „iniurie" ist ein Auffangtatbestand, der aus dem römischen Recht übernommen wurde. Iniuria = jedes Unrecht schlechthin; jede Personenverletzung; im engeren Sinne: Ehrverletzung, Beleidigung (*Lieberwirth*, Latein im Recht, 4. Aufl. Berlin: Verl. Die Wirtschaft, 1996, S. 143).

II. Das Hochmittelalter und Beginn des Spätmittelalters (9.-13. Jahrhundert)

1. Überblick

Das Hochmittelalter schloss sich an den Niedergang des fränkischen Reiches an[3]. Mit diesem Niedergang zerfiel das fränkische Reich in mehrere Königreiche und führte zur Entstehung des deutschen Reiches[4], das erstmals in einer Urkunde von 919 als regnum Teutonicorum erwähnt wurde[5]. Detaillierte Erkenntnisse über das Recht in diesem 10. und dem anschließenden 11. Jahrhundert gibt es nicht[6]. Es ist die Zeit des „finsteren Mittelalters“, in der nur wenige Menschen lesen und schreiben konnten und das Recht folglich fast ausschließlich aus Gewohnheitsrecht bestand[7]. Erst im 12. Jahrhundert begann wieder die Entwicklung schriftlicher Rechtsquellen durch die Landfriedensbewegung[8].

2. Überblick über die Behandlung der Drohung

Im Hochmittelalter sind strafrechtliche Regelungen, die die Drohung erfassen, nicht zu finden. Dies änderte sich in den nächsten beiden Jahrhunderten nur im Bezug auf die konkludente Drohung. Hier erfuhr die Drohung, die in dem Ziehen eines Messers zu finden ist, als sog. „Messerzucken“ strafrechtliche Beachtung[9]. Die ausdrückliche Bedrohung wurde jedoch in einem anderen Zusammenhang geregelt. Das Inaussichtstellen eines künftigen Übels, wobei es sich bei dem Übel in aller Regel um Totschlag handelte, war seit dem Landfrieden von 1186 als sogenannte Widersage Voraussetzung einer rechtmäßigen Fehde[10]. Die Widersage, also die Ankündigung der Fehde, sollte zur Eindämmung derselben führen, indem sie zur Einleitung eines Sühneverfahrens führte, das den

---

3 Siehe zur Einteilung der Zeitalter das Inhaltsverzeichnis bei *Gmür*, Grundriß der deutschen Rechtsgeschichte, 8. Auflage 1998.

4 *Eisenhardt*, Deutsche Rechtsgeschichte, Rn. 7.

5 *Gmür*, Grundriß der deutschen Rechtsgeschichte, Rn. 87.

6 *Gmür*, Grundriß der deutschen Rechtsgeschichte, Rn. 89.

7 *Eisenhardt*, Deutsche Rechtsgeschichte, Rn. 58, 62; *Gmür*, Grundriß der deutschen Rechtsgeschichte, Rn. 89.

8 *Eisenhardt*, Deutsche Rechtsgeschichte, Rn. 68; *Gmür*, Grundriß der deutschen Rechtsgeschichte, Rn. 89.

9 *Frauenstädt*, Blutrache und Todtschlagsühne, S. 42; *Harster*, Das Strafrecht der freien Reichsstadt Speier, S. 257; *Knapp*, Das alte Nürnberger Kriminalrecht, S 149 f.

10 Vgl. *His*, Strafrecht des deutschen Mittelalters, S. 17, 275. Fehde ist erlaubte Selbsthilfe, die Privatrache der Opferseite gegenüber der Täterseite (*Eisenhardt*, Deutsche Rechtsgeschichte, Rn. 94; *Harster*, Das Strafrecht der freien Reichsstadt Speier, S. 252; *His*, Strafrecht des deutschen Mittelalters, S. 266).

Erhalt bzw. die Wiederherstellung des Friedens zum Ziel hatte[11]. Daher stellte die notfalls erzwungene Ablegung eines Friedensschwurs, die sogenannte Urfehde, den wichtigsten Teil eines jeden Sühneverfahrens dar[12]. Dieser gerichtliche Friedensvertrag ist die Weiterentwicklung des privaten Sühnevertrages, der bereits im Altertum vorkam[13], und Vorläufer der Friedensbürgschaft[14]. Die Entwicklung der staatlichen Reaktion auf ein Verhalten, das sich als reine Drohung darstellt, wurzelt in Widersage und Urfehde. Ihr Einfluss reichte bis ins 16. Jahrhundert[15]. Daher werden im Folgenden die Entwicklung der Fehde und die Bemühungen ihrer Eindämmung durch Widersage und Urfehde dargestellt.

3. Fehde – Widersage – Urfehde

(1) Die Fehde – faktische Ausübung

Die Fehde, die zuerst unter den Germanen entstanden und dann durch die königliche Staatsgewalt im fränkischen Reich zurückgedrängt worden war, lebte wieder auf[16]. Zunächst als Ritterfehde, dann aber auch als Totschlagsfehde unter Nichtrittern, der sogenannten Blutrache[17]. War die Totschlagsfehde, also die Rache wegen der Tötung eines Verwandten, auch die am häufigsten vorkommende Fehdeart und diejenige mit den weitestreichenden Folgen, so war doch der Totschlag nicht der einzige Grund für den Ausbruch einer Fehde im Hochmittelalter[18]. Auch andere Verbrechen und Vergehen führten diese „todbringende Wehr“ [19] herbei. Aber nicht nur das, die Fehde war noch nicht einmal auf den strafrechtlichen Bereich beschränkt, sondern brach wegen zivilrechtlicher Ansprüche aller Arten aus[20]. So befehdeten sich die Bürger der flandrischen Städte wegen Erbschaftsansprüchen und Entziehung der Kundschaft[21]. Die bloße „Lust am Balgen, die Gunst des Zufalls, einen Mißliebigen kalt zu machen, ohne eig-

---

[11] *Knapp*, Das alte Nürnberger Kriminalrecht, S. 141 ff; *derselbe* in: Alt-Regensburgs Gerichtsverfassung, S. 197.
[12] *Knapp*, Das alte Nürnberger Kriminalrecht, S. 148.
[13] *Wilda*, Das Strafrecht der Germanen, S. 181.
[14] *Matter*, Die Friedensbürgschaft, S. 8 ff.
[15] Die Urfehde – der Friedensschwur – war bis zum 16. Jahrhundert Rechtsfolge einer Drohung, vgl. unten B III 3 und IV 1.
[16] Vgl. *Jescheck*, Lehrbuch des Strafrechts AT, S. 91 f.
[17] *His*, Strafrecht des deutschen Mittelalters, S.264.
[18] *Harster*, Das Strafrecht der freien Reichsstadt Speier, S. 252; *His*, Strafrecht des deutschen Mittelalters, S. 264, 272; *Knapp*, Das alte Nürnberger Kriminalrecht, S. 141 f, 144; *Frauenstädt*, Blutrache und Todtschlagsühne, S. 34 f.
[19] *Knapp*, Das alte Nürnberger Kriminalrecht, S.141.
[20] *Frauenstädt*, Blutrache und Todtschlagsühne, S. 34.
[21] *His*, Strafrecht des deutschen Mittelalters, S. 272.

ne Gefährde zu plündern, zu erbeuten"[22] führte zur Fehde. „Jeder Schein des Rechts, jede Mißsachtung eines Privatanspruchs" [23] rechtfertigte sie. Ein unüberlegtes Wort reichte aus, um „zu einer durch Generationen sich fortpflanzenden ganze Geschlechter verzehrenden Fehde Anlass" zu geben[24]. Insbesondere auf dem Land führte die Fehde zu regelrechten Opferfesten[25].

(2) Die Fehde – der Hintergrund

Der Grund für das Ausufern der Fehde im Hochmittelalter ist schnell gefunden: Fehde war erlaubte Selbsthilfe in den Fällen, in denen der Staat zur Durchsetzung des Rechts nicht in der Lage war[26]. Im Hochmittelalter herrschte seit dem Zusammenbruch des fränkischen Reiches keine starke öffentliche Zentralgewalt mehr[27]. Das deutsche Reich war in eine Vielzahl gebietsbezogener Herrschaftsbereiche unterteilt, die nicht verhindern konnten, dass insbesondere auf dem Land das Faustrecht die Herrschaft übernahm[28]. Durch die Gerichte war somit keine Hilfe zu erlangen. Der sich berechtigt Fühlende war gezwungen, sich selbst zu seinem Recht zu verhelfen und dies nicht nur im strafrechtlichen Bereich, sondern in jedem Fall, in dem es ihm unmöglich war, durch den Richter Recht zu erlangen.

(3) Die Fehde – rechtliche Reaktion

(3.1) Inwieweit sich die Allgemeinheit zu Reaktionen auf die Fehdetreibenden veranlaßt sah, lässt sich für das Hochmittelalter nicht eindeutig sagen. Mit dem Untergang der fränkischen Zeit war auch der Untergang von Ansätzen einer zentral gelenkten Strafrechtspflege verbunden[29]. Aufgrund der nun stark zunehmenden Zersplitterung des Reiches in eine Vielzahl gebietsbezogener Herrschaftsbereiche entstand zwangsläufig eine Vielzahl verschiedener Rechtsquellen[30]. Reichs-, Land- und Stadtrecht existierten parallel[31]. Die Einstellungen zur

---

[22] *Knapp*, Das alte Nürnberger Kriminalrecht, S. 142.
[23] *Knapp*, Das alte Nürnberger Kriminalrecht, S. 144.
[24] *Harster*, Das Strafrecht der freien Reichsstadt Speier, S.252.
[25] *Knapp*, Das alte Nürnberger Kriminalrecht, S.142.
[26] *Frauenstädt*, Blutrache und Todtschlagsühne, S. 35; *Harster*, Das Strafrecht der freien Reichsstadt Speier, S. 252; *His*, Strafrecht des deutschen Mittelalters, S. 266; *Köbler*, Deutsche Rechtsgeschichte, S. 71.
[27] *Jescheck*, Lehrbuch des Strafrechts AT, S. 92.
[28] *Jescheck* ebenda; *Knapp*, Das alte Nürnberger Kriminalrecht, S. 141f; *Köbler*, Deutsche Rechtsgeschichte, S. 100 f.
[29] *Jescheck*, Lehrbuch des Strafrechts AT, S.92.
[30] *Köbler*, Deutsche Rechtsgeschichte, S. 100 f.
[31] *Köbler*, Deutsche Rechtsgeschichte, S. 100 ff.

Fehde waren unterschiedlich und im Laufe der Zeit höchst wechselhaft[32]. Als einheitliche und allgemeine Linie ist jedoch das Bemühen erkennbar, die Fehde zurückzudrängen[33]. Geordnete staatliche Verhältnisse und Selbsthilfe in weiten Teilen der Rechtswirklichkeit lassen sich nicht vereinbaren. Die Herstellung von Sicherheit und Ordnung, aber auch die Rechtfertigung der eigenen Existenz zwangen die öffentliche Gewalt zur Zurückdrängung der Fehde[34].

(3.2) Seit dem Jahre 1186 verlangten die Landfrieden als Voraussetzung einer rechtmäßigen Fehde ihre vorherige Ansage, die sogenannte Widersage (Absage, Entsage)[35]. Auch wenn diese Regelung auf die ritterliche Fehde gemünzt war, wirkte sie sich doch auch auf die Blutrache aus[36]. Im Laufe der Zeit entwickelte sich die Ankündigung der Fehde zu einer allgemeine Anerkennung findenden Voraussetzung[37]. Die Widersage war mit einer unterschiedlich lang bemessenen Frist verbunden. Das Friedensgesetz von 1186 verlangt die Widersage drei Tage vor Beginn der Feindseligkeiten, während das Nürnberger Recht aus dem 13. Jahrhundert sogar eine achttägige Wartezeit vorschreibt[38]. Die Widersage konnte teilweise in Form einer einfachen, formlosen Warnung gegenüber dem Feinde erfolgen, teilweise wurde eine förmliche Ankündigung durch Anzeige bei einer Behörde oder vorherige Klage verlangt[39].

(3.3) Die Ankündigung einer Fehde bedeutete nichts anderes als das Inaussichtstellen einer Tötung. Sie war daher eine Drohung mit einem Verbrechen. Soweit sie der Rechtsdurchsetzung diente, stellte sie nur ein Nötigungsmittel dar. Bei Einlenken und Anerkennung des Rechtsanspruchs seitens des Gegners bestand für einen Ausbruch der Fehde kein Grund mehr. In den Fällen der Rache, insbesondere der Blutrache, ging es hingegen um Vergeltung und verletzte Ehre. Der Abschluß eines Sühnevertrages, der die Beendigung der Feindschaft durch eine Geldleistung des Gegners bedeutete[40], war nicht angestrebtes Ziel der Widersage, sondern nur ein Mittel zur Abwendung der Fehde. Die Drohung war in diesen Fällen daher unbedingt. Es handelte sich um Fälle der reinen Drohung.
(3.4) Man möchte meinen, dass eine öffentliche Gewalt, der an der Einschränkung der Fehde gelegen ist, sich nicht darauf beschränken kann, ein Erfordernis

[32] *His*, Strafrecht des deutschen Mittelalters, S.2 ff, 16 ff
[33] *Harster*, Das Strafrecht der freien Reichsstadt Speier, S. 252; *His*, Strafrecht des deutschen Mittelalters, S. 3; *Knapp*, Das alte Nürnberger Kriminalrecht, S. 142 ff.
[34] *Harster*, Das Strafrecht der freien Reichsstadt Speier, S. 252 f; *His*, Strafrecht des deutschen Mittelalters, S. 3; *Knapp*, Das alte Nürnberger Kriminalrecht, S. 142.
[35] *His*, Strafrecht des deutschen Mittelalters, S. 17, 275.
[36] *His* ebenda.
[37] *His*, Strafrecht des deutschen Mittelalters, S. 275 ff; Knapp, S. 144.
[38] *His*, Strafrecht des deutschen Mittelalters, S. 277.
[39] *His* ebenda.
[40] *Eisenhardt*, Deutsche Rechtsgeschichte, Rn. 94.

für eine rechtmäßige Fehde einzuführen. Warum sollte sie bemüht sein, Kenntnis von dem Bevorstehen der Fehde zu erlangen, um dann die Parteien ungehindert schalten und walten zu lassen? In der Tat hätte die Regelung der Widersage als Beginn eines Verfahrens, das in einem notfalls erzwungenen Frieden endet, eine konsequentere Umsetzung ihres Anliegens dargestellt, das Recht mittels eigener Institutionen durchzusetzen. Man darf jedoch nicht vergessen, dass die öffentliche Gewalt vielerorts noch nicht stark genug ausgebildet war, um einer einflußreichen, angesehenen Familie samt Anhang offen entgegentreten zu können, insbesondere wenn es in den Totschlagsfällen darum ging, „den Thäter offen gegen seine rachedürstigen Feinde in Schutz zu nehmen und gegen diese angriffsweise vorzugehen“[41]. Es war somit viel eher diplomatisches Geschick gefragt, um der Fehde Einhalt zu gebieten[42]. Dieses Geschick äußerte sich in der Einführung der Widersage. Sie lässt das Fehderecht im Prinzip bestehen und gibt der öffentlichen Gewalt doch gleichzeitig für die Fälle die Möglichkeit, ein Sühneverfahren einzuleiten, in denen sie einen offenen Schlagabtausch mit einflußreichen Familien nicht befürchten muß.

Knapp[43] liefert eine ausführliche Darstellung des Ablaufs eines Sühneverfahrens im Nürnberger Recht. Sobald der Rat der Stadt Kenntnis von der Widersage genommen hatte, erließ er ein Friedgebot, dessen Nichtbeachtung eine Geldzahlungspflicht zur Folge hatte, die in ihrer Höhe der Sühnezahlung in Totschlagsfällen entsprach. Das Friedgebot bedeutete für die verfeindeten Parteien, dass sie gleichzeitig und unverzüglich die Waffen niederzulegen hatten. Es galt für vierzehn Tage. Innerhalb dieser Zeit hatten die Feinde Gelegenheit, zu einer friedlichen Einigung zu gelangen. Glückte ihnen dies nicht, so bestimmte der Rat wie sie sich zu einigen hatten. Damit stand am Ende eines jeden Sühneverfahrens ein Sühnevergleich, die sogenannte Taidigung. Danach hatte der Feind des Widersagenden ein Wergeld zu zahlen. Der wichtigste Teil der Taidigung lag jedoch in dem Gelöbnis beider Parteien, den Frieden zu wahren, der sogenannten Urfehde. Bei Verstößen einer Partei gegen diesen Friedensschwur ergingen hohe Strafen durch den Rat der Stadt.

Wenn also auch die Idee, die hinter der Widersage stand, die Verhinderung der Fehde durch ein Zwangsverfahren zur Sühne war, so bedurfte es doch für die Verwirklichung dieser Idee viel Fingerspitzengefühls. Die Widersage war daher zumindest in den Fällen, in denen dem Widersagenden ein großer Anhang zur

---

[41] *Frauenstädt*, Blutrache und Todtschlagsühne, S. 39.

[42] So machte die Stadt insbesondere in den Fällen keinerlei Anstalten, die Fehde zu verhindern, in denen der Gegner der Widersage nicht Bürger der Stadt, sondern Auswärtiger war. Der Fremde hatte lediglich die Möglichkeit, der Fehde durch Meidung der Stadt zu entkommen. Kehrte er in die Stadt zurück, so war straflos, was der Bürger ihm antat (vgl. *Frauenstädt*, Blutrache und Todtschlagsühne, S. 37; *His*, Strafrecht des deutschen Mittelalters, S. 277).

[43] *Knapp*, Das alte Nürnberger Kriminalrecht, S. 144 ff.

Seite stand, lediglich Voraussetzung für den Beginn einer Fehde. Zur Einleitung eines Verfahrens zur zwangsweisen Sühne und Urfehde führte sie nur dort, wo sich die öffentliche Gewalt nicht gefährdet sah.

(4) Schlussfolgerung

Hinter der ernst gemeinten Drohung, den Feind im Rahmen einer Fehde töten zu wollen, wurde keine Verunsicherung des anderen Teils gesehen. Die Bedrohung an sich fand keine Beachtung. Im Mittelpunkt des Interesses stand die in der Drohung enthaltene Information über zukünftige Taten, die zum Ausbruch einer Fehde führen können. Im Hochmittelalter war der Blick des Gesetzgebers somit auf die angedrohte Tat und nicht auf die Androhung an sich gerichtet. Daher stellt sich die Folge einer Drohung, der Zwang zur Urfehde, auch nicht als Strafe dar. Mit dem durch die Urfehde entstehenden obrigkeitlichen Befehl sollte die Verwirklichung der Drohung verhindert werden, da der Befehl zur Schaffung eines Friedens verpflichtete, dessen Bruch harte Strafen zur Folge hatte[44]. Die Verpflichtung zur Urfehde, also zu dem Versprechen, die Tat nicht begehen zu wollen, lässt sich daher als Vorläuferin der Friedensbürgschaft, als Sicherungsmaßnahme ansehen[45].

III. Spätmittelalter (14. und 15. Jahrhundert)

1. Überblick

Im Spätmittelalter fand ab dem 14. Jahrhundert eine bedeutsame Entwicklung des gesamten Strafrechts statt, die sich in großem Maße auf die Strafbarkeit der Drohung auswirkte. Während die Ahndung von Straftaten zuvor auf eine Sühnegeldleistung zugunsten des Verletzten und seiner Sippe hinauslief, wurde dieser Aspekt nun nebensächlich[46]. Die Kriminalstrafe in Form der peinlichen Strafe trat in den Vordergrund[47]. Es fand also eine Trennung des Straf- und Zivilrechts statt, die zum Teil als die „Geburt der Strafe“ bezeichnet wird[48]. Die Einführung eines peinlichen Strafrechts mag an den besonders verwilderten, rauhen Zeiten gelegen haben[49]. Mit besonders harten Strafen glaubte man, die Allgemeinheit vor Straftaten sichern und potentielle Täter abschrecken zu können[50]. Doch auch der kirchliche Einfluß hatte seinen Anteil an dieser Entwick-

---

[44] *Knapp*, Das alte Nürnberger Kriminalrecht, S. 145 f.
[45] *Matter*, Die Friedensbürgschaft, S. 8 ff.
[46] *Gmür*, Grundriß der deutschen Rechtsgeschichte, Rn. 216.
[47] *Gmür*, Grundriß der deutschen Rechtsgeschichte, Rn. 215, 216.
[48] *Gmür*, Grundriß der deutschen Rechtsgeschichte, Rn. 216.
[49] *Gmür*, Grundriß der deutschen Rechtsgeschichte, Rn. 217.
[50] *Gmür* ebenda.

lung. Insbesondere die christliche Religion glaubte, nach dem Talionsprinzip Vergeltung üben zu müssen[51]. Maßgebenden Einfluß auf die Rechtsentwicklung hatten die Städte, die im 12. Jahrhundert aufblühten[52]. Die sich zusammenfindende Menschenmenge erforderte in besonderem Maße Regelungen zur Ermöglichung eines geordneten und friedlichen Zusammenlebens[53]. Dies führte dazu, dass fast jede Stadt ein eigenes Stadtrecht entwickelte oder bereits bestehende Stadtrechte anderer übernahm[54]. Diese Stadtrechte bilden auch die wichtigste Quelle für die Beantwortung der Frage, wie auf Drohungen im Spätmittelalter reagiert wurde.

2. Überblick über die Behandlung der Drohung

Im Spätmittelalter führten die Stadtrechte die Strafbarkeit der Widersage und mithin auch der Drohung ein[55]. Allerdings waren auch diese „Strafen" nicht auf die Androhung als Rechtsverletzung, sondern auf die angedrohten Taten gerichtet. Der Bezeichnung einer Rechtsfolge als Strafe lag noch nicht das Verständnis eines gravierenden rechtsethischen Tadels für schuldhaft begangenes Unrecht zugrunde. Die Folgen erscheinen daher aus heutiger Sicht als reine Sicherungsmaßnahmen. Diese reichten von der Urfehde bis hin zur ewigen Verbannung.

3. Die Stadtrechte

(1) Das alte Nürnberger Stadtrecht

Während die Drohung in Form der Widersage im Hochmittelalter noch straflos war und von dem Rat einer Stadt nur insofern beachtet wurde, als er nach Kenntnis einer Widersage ein Friedgebot erließ, so wurde sie im 14. Jahrhundert unter Strafe gestellt[56]. Ausgenommen waren jedoch weiterhin die Widersage gegenüber Auswärtigen und die Widersage, die außerhalb der Stadtmauern ausgesprochen wurde[57].

Die Folgen waren für den Drohenden in einer Hinsicht unverändert: Der Drohende musste Urfehde schwören[58]. Neu ist jedoch, dass der Drohende daneben

---

51 Vgl. *Gmür*, Grundriß der deutschen Rechtsgeschichte, Rn. 214 ff.

52 *Eisenhardt*, Deutsche Rechtsgeschichte, Rn. 73 ff; *Gmür*, Grundriß der deutschen Rechtsgeschichte, Rn. 163.

53 *Gmür*, Grundriß der deutschen Rechtsgeschichte, Rn. 167.

54 *Gmür*, ebenda

55 *Knapp*, Das alte Nürnberger Kriminalrecht, S. 153; vgl. auch *His*, Strafrecht des deutschen Mittelalters, S. 291.

56 *Knapp*, Das alte Nürnberger Kriminalrecht, S. 153.

57 *Knapp* ebenda.

58 *Knapp*, Das alte Nürnberger Kriminalrecht, S. 153.

noch zur Kautionsstellung durch Beiziehung seiner Sippe, also zur Bürgenstellung verurteilt wurde[59]. Für den Fall, dass von dem Täter trotz Urfehde und Bürgenstellung die Begehung der angedrohten Tat befürchtet werden musste, kam es zu einer zeitlich begrenzten Verweisung oder zur Einsperrung im Turm[60].
Die Strafen für die Ankündigung der Fehde verschärften sich mit der zunehmenden Bemühung, die Fehde einzudämmen, verbunden mit der Hinwendung des Strafrechts zu den peinlichen Strafen[61]. Nach dem ewigen Landfrieden von 1495 führte die Bedrohung zu ewiger Verbannung[62].
Die Drohung wurde unabhängig von dem mit ihr verfolgten Zweck unter Strafe gestellt[63]. So waren neben der reinen Drohung auch die einfache Nötigung, Erpressung und Raub erfasst[64]. Diese Unterscheidungen drückten sich jedoch nicht in unterschiedlichen Straftatbeständen aus, in denen die jeweilige Verhaltensweise beschrieben worden wäre. Im Mittelalter fehlte es noch an einer festen Bezeichnung für die verschiedenen strafbaren Handlungen[65]. Diese gesetzestechnische Leistung ist erstmals in der Constitutio criminalis Bambergensis und der Constitutio criminalis Carolina vollbracht worden[66]. Auch wenn eine deutliche Unterscheidung auf der Tatbestandsseite im Mittelalter fehlte, sind die Unterschiede nicht verkannt worden. Sie äußerten sich in der Rechtsfolge. So berichtet Knapp[67] von einigen Fällen, in denen die Drohung als Mittel zur (qualifizierten) Nötigung diente. Ein Mann versuchte eine verheiratete Frau zur gemeinsamen Flucht zu überreden, indem er sie einlud, „mit im vom lande zu gen, tet sie dez niht, er wollt ir alle viere abhauen". Die Folge war Verweisung auf zwei Jahre. Für dieselbe Drohung erhielt ein anderer später acht Tage Turm. Einem Täter wurden die Augen ausgestochen, weil seine Drohung das Mittel zu einer (versuchten) Erpressung darstellte. Dass die Unterscheidung zwischen der einfachen Drohung und der Drohung als Mittel zur (qualifizierten) Nötigung nicht deutlich herausgearbeitet wurde, zeigt auch die Tatsache, dass eine Drohung allein ihres Inhaltes wegen eine bestimmte Folge nach sich ziehen konnte. So wurde die Ankündigung des roten Hahnes, also die Drohung mit Inbrandsetzung des Hauses, die übrigens die beliebteste Drohung der damaligen Zeit darstellte[68], mit Turm bestraft. Es handelte sich um die übliche Strafe für Brenner: „Wenn einer ein andern aufbrennen drohet und nicht recht von ihm nehmen will,

---

[59] *Knapp* ebenda.
[60] Vgl. zu den Folgen einer Widersage: *Knapp*, Das alte Nürnberger Kriminalrecht, S. 153.
[61] Vgl. *Knapp*, Das alte Nürnberger Kriminalrecht, S. 154.
[62] *Knapp* ebenda.
[63] Vgl. *Knapp*, Das alte Nürnberger Kriminalrecht, S. 153 ff.
[64] Vgl. *Knapp*, Das alte Nürnberger Kriminalrecht, S. 154 f.
[65] *Eisenhardt*, Deutsche Rechtsgeschichte, Rn. 97.
[66] Vgl. *Ritter*, Die Behandlung schädlicher Leute in der Carolina, S. 87 ff.
[67] *Knapp*, Das alte Nürnberger Kriminalrecht, S. 154 f.
[68] *Knapp*, Das alte Nürnberger Kriminalrecht, S. 154.

über den soll man richten, als ob er gebrennt het"[69]. Allerdings gibt es auch Quellen, nach denen derjenige, der zu brennen gedroht hatte, mit Ruhten ausgehauen worden war[70]. Diese tatbestandlichen Ungenauigkeiten sind wohl auch der Grund dafür, warum einige Quellen angeben, dass für die Drohung das Augenausstechen vorgesehen war[71]. Hierbei handelte es sich wohl nicht um Fälle der reinen Drohung, sondern um Nötigungsfälle wie in dem oben erwähnten Beispiel[72].

(2) Das alte Bamberger Strafrecht vor der Bambergensis

Auch das Bamberger Stadtrecht versuchte Ordnung und Sicherheit in der Stadt durch die Bestrafung der Drohung aufrechtzuerhalten[73]. So führte das Ausstoßen von Drohworten gegen „Stift, Stadt und Bischof" zu einer kurzzeitigen Freiheitsstrafe[74]. Deren eigentlicher Zweck bestand aber nicht im Freiheitsentzug, sondern in der bei Freilassung feierlich zu schwörenden Urfehde[75]. Zur Unterstützung der Urfehde musste der Täter Bürgen beibringen[76]. Für den Fall, dass dem Schwur, die angedrohte Tat niemals begehen zu wollen, nicht Glauben geschenkt werden konnte, sah auch das Bamberger Stadtrecht die Verweisung des Drohenden vor[77].

---

[69] Priv. 1331, H.D., zitiert nach *Knapp*, Das alte Nürnberger Kriminalrecht, S. 154 Fn. 4.
[70] *Brunnenmeister*, Die Quellen der Bambergensis, S. 70.
[71] *Ritter*, Die Behandlung schädlicher Leute in der Carolina, S. 79.
[72] Eine weitere harte Strafe war ebenfalls Folge eines qualifizierten Falles der reinen Drohung. Die Ankündigung der Fehde sollte mit dem Tode durch das Schwert bestraft werden, wenn sich die Drohung nicht nur gegen einen einzelnen, sondern gegen die Gemeinde oder das Land richtete (vgl. *Knapp*, Das alte Nürnberger Kriminalrecht, S. 154). In diesen Fällen verließ der Drohende zumeist die Stadt und mischte sich auf dem noch weitgehend rechtsfreien Land unter die Räuber, um von dort aus seine Drohungen wahr zu machen (vgl. *Knapp*, a.a.O., S. 155 ff). Dieser Fall der reinen Drohung wurde auch als Landzwang oder Landfriedensbruch bezeichnet und stellte den Vorläufer des Art. 128 CCC dar (vgl. *Ritter*, Die Behandlung schädlicher Leute in der Carolina, S. 74 ff). Der Landzwang des Art. 128 CCC fand sich wiederum nach zahlreichen Übernahmen und einigen wichtigen Anpassungen an veränderte äußere Umstände – Befriedung des Landes – im § 126 StGB wieder (vgl. *Berner*, Lehrbuch des deutschen Strafrechtes, § 200; *Feuerbach*, Lehrbuch des gemeinen Rechts, Note 1 zu § 433; *Goltdammer*, Materialien, § 213; *Puchelt*, Strafgesetzbuch, § 126; siehe auch unten Fn. 152).
[73] *Scheel*, Das alte Bamberger Strafrecht, S. 56.
[74] *Scheel* ebenda.
[75] *Scheel* ebenda.
[76] *Scheel*, Das alte Bamberger Strafrecht, S. 57.
[77] *Scheel*, Das alte Bamberger Strafrecht, S. 56.

(3) Das Regensburger Recht

Im Regensburger Recht finden sich fast dieselben Rechtsfolgen wieder. Es sah für eine Drohung Urfehde und Verbannung vor, wobei letztere zumeist auf ewig ausgesprochen wurde[78]. Allerdings begnügte sich der Rat der Stadt auch mit geringeren Strafen, wenn der Drohende sich eines stattlichen Anhangs erfreute[79]. Politisches Kalkül, das bereits im Zusammenhang mit der Widersage als Beginn eines Sühneverfahrens erwähnt wurde, verhinderte also in einzelnen Fällen die Umsetzung des gefassten Entschlusses, das Recht mittels eigener Institutionen durchzusetzen[80]. Neben der Verbannung kam auch die Verurteilung zu einem zeitlich unbestimmten Gefängnisaufenthalt in Betracht[81]. Im Jahre 1308 wurde jemand, der vor dem Rat gegen den Propst, also den Vorsteher eines Kapitels oder Stifts, Drohungen ausgestoßen hatte, solange ins Gefängnis gesteckt, „biz ob man erdenchen mocht, daz die stat und der probst besichert vor im werden mocht“[82].

(4) Zusammenfassung der Stadtrechte

Zusammenfassend läßt sich sagen, dass für die reine Drohung in ihrer einfachen Form wie schon im Hochmittelalter in erster Linie Urfehde vorgesehen war. Die Neuerung lag in den zusätzlichen Präventionsmöglichkeiten für die Fälle, in denen die Urfehde allein nicht ausreichte. So musste zu ihrer Bekräftigung Kaution in Form der Bürgenstellung geleistet werden. In den Fällen, in denen dem Drohenden nicht getraut wurde, gab es verschärfte Strafen: Turm oder Gefängnis, des weiteren die Verweisung. Wenn diese Rechtsfolgen auch als Strafe bezeichnet worden sind, so handelte es sich doch nicht um einen Vorwurf für schuldhaft begangenes Unrecht, sondern um die Verhinderung der Begehung der angedrohten Taten. Dabei stand weniger das Wohl des Bedrohten als der Frieden in der Stadt im Vordergrund. Dieser sollte jedoch durch die Sicherung des Bedrohten erreicht werden und diesen Zweck verfolgten die Rechtsfolgen. So diente die Urfehde der Wiederherstellung des Friedens durch Ausräumung der Begehungsgefahr. Die Kaution verlieh dem Schwur zusätzliches Gewicht und diente dazu, das Vertrauen des anderen Teils und des Gerichts in den Schwur zu verstärken. Wo dies nicht gelang, konnte der Bedrohte dadurch vor der Begehung der angedrohten Taten geschützt werden, dass dem Drohenden die Möglichkeit der Tatbegehung faktisch genommen wurde: Er wurde aus der Stadt verwiesen, mitunter sogar lebenslang. Auch die zeitlich unbestimmte Gefängnis-

[78] *Knapp*, Alt-Regensburgs Gerichtsverfassung, S. 204.
[79] *Knapp* ebenda.
[80] Vgl. oben II 3 (3.4).
[81] *Knapp*, Alt-Regensburgs Gerichtsverfassung, S. 204 f.
[82] *Knapp*, Alt-Regensburgs Gerichtsverfassung, S. 205.

strafe des Regensburger Rechts diente ausdrücklich der Sicherung des Bedrohten. Einzig die Turmstrafe fällt ein wenig aus dem Rahmen. Der kurze Aufenthalt konnte nicht wirksam der Verhinderung einer Tat dienen. Die Unterbringungsbedingungen, die für den Eingesperrten durchaus quälend sein konnten, lassen mehr auf Vergeltung und Abschreckung schließen. Diese Unstimmigkeit läßt sich aber dadurch ausräumen, dass diese Strafe ihren Grund in dem besonderen Inhalt der Drohung hatte. Die beliebteste Drohung jener Zeit war die Brandlegung. Die Brandlegung wurde mit dem Turm gesühnt. Derjenige, der zu brennen drohte, sollte auch wie ein Brenner bestraft werden[83]. Daher läßt sich festhalten, dass die einfache Drohung im Spätmittelalter grundsätzlich Sicherungsmaßnahmen zur Folge hatte. Das Verhalten an sich wurde nicht als selbständiges Delikt, sondern lediglich als ein Sicherungsmaßnahmen forderndes Verhalten angesehen, um das öffentliche Interesse an der Erhaltung des Friedens zu schützen.

4. Die Drohung in der Strafrechtswissenschaft

In der Strafrechtswissenschaft fand die Bedrohung ebenfalls nur unter dem Gesichtspunkt der Verhinderung zu erwartender Taten Beachtung. Im Klagespiegel, der aus der ersten Hälfte des 15. Jahrhunderts stammt, wird der Gedanke behandelt, die Allgemeinheit vor gefährlichen Personen sichern zu müssen. Auf Blatt 189 a des Klagespiegels wird die Frage gestellt, ob der Richter eine Person, von der Schädigungen für eine andere Person zu erwarten sind, auffordern kann, Sicherheit durch die Stellung von Bürgen zu leisten. Die Antwort erfolgt auf Seite 189 c: „Du sprich daz er nit sol bürgen setzen das er den nit schedigen wöl. der richter sol in ein andern weg dafür sein. also er sol jn gebytten bey einer gewissen pen das er den nit schedige vnd villeicht das er dieselben strass oder gassen nit gee“[84]. Also nicht Bürgenstellung, sondern Androhung einer Strafe und/oder Aufenthaltsverbote scheinen dem Klagespiegel das richtige Mittel zu sein, um jemanden von einer Schädigung abzuhalten. Der Effekt einer solchen Androhung kann mit dem einer Friedensbürgschaft des heutigen schweizerischen Rechts verglichen werden[85]. Dem Drohenden soll vor Augen geführt werden, dass auf seine angekündigte Tat unweigerlich Strafe folgen werde[86]. Die zu einer spezialpräventiven Motivation führende „Belehrung“ des Drohenden durch den Richter erscheint auch noch aus heutiger Sicht als verhältnismäßige Maßnahme[87].

---

[83] Vgl. oben III 3 (1).
[84] Text abgedruckt bei *Brunnenmeister*, Die Quellen der Bambergensis, S. 202.
[85] Vgl. zur schweizerischen Friedensbürgschaft unten C II 1 (2).
[86] Vgl. unten C II 1 (3.3).
[87] Vgl. unten C II 1 (3).

Es fällt auf, dass die Drohung nicht mehr ausdrücklich erwähnt wird. Vielmehr konnte sie nur noch ein Indiz dafür darstellen, dass von einer Person Straftaten zu erwarten sind. Diese Änderung der Sichtweise ist auf den Einfluß der italienischen Juristen jener Zeit, insbesondere auf Albertus Gandinus zurückzuführen[88]. Das gelehrte Recht kann seinen Weg in den Klagespiegel nur im Wege der sogenannten Frührezeption gefunden haben[89]. Die Verlagerung der Betrachtung auf die Gefährlichkeit einer Person hat sich später im Zuge der Rezeption auch in der Carolina von 1532 ausgewirkt, die bei der Betrachtung der Frühen Neuzeit im Mittelpunkt steht.

IV. Die Carolina und das gemeine Recht (16.-18. Jahrhundert)

1. Die Constitutio Criminalis Carolina

(1) Übersicht

In der frühen Neuzeit, genauer: während der zweiten Hälfte des 15. Jahrhunderts und des gesamten 16. Jahrhunderts, kam es zu der Aufnahme des römischen und kanonischen Rechts, der sogenannten Rezeption[90]. In strafrechtlicher Hinsicht war die Schaffung der Peinlichen Gerichtsordnung Kaiser Karls V. von 1532, der Constitutio Criminalis Carolina, durch Johann Freiherr zu Schwarzenberg und Hohenlandsberg unter dem Eindruck der italienischen Juristen ein herausragender Einschnitt[91]. Sie stellte die erste einheitliche Regelung des Reiches in Bezug auf Strafverfahrensrecht und materielles Recht dar, wobei sie in erster Linie eine Prozeßordnung ist, die den materiellen Teil nur dann regelt, wenn der Zusammenhang dies nahelegt[92]. Die Bedeutung der Carolina wird auch nicht wesentlich durch ihre lediglich subsidiäre Geltung im Vergleich zum bestehenden Partikularrecht geschmälert, da sie aufgrund einer für die Zeit beispiellosen Kunst der Regelungstechnik schnell übernommen wurde[93]. Für die nächsten Jahrhunderte sollte die Carolina von keinem anderen Gesetzeswerk erreicht oder verdrängt werden[94].

---

[88] *Brunnenmeister*, Die Quellen der Bambergensis, S. 203.
[89] *Eisenhardt*, Deutsche Rechtsgeschichte, Rn. 141.
[90] *Köbler*, Deutsche Rechtsgeschichte, S. 137.
[91] Vgl. *Eisenhardt*, Deutsche Rechtsgeschichte, Rn. 257 a.E.; *Gmür*, Grundriß der deutschen Rechtsgeschichte, Rn. 318.
[92] *Jescheck*, Lehrbuch des Strafrechts AT, S. 94; *Ritter*, Die Behandlung schädlicher Leute in der Carolina, S. 4.
[93] Vgl. *Ritter*, Die Behandlung schädlicher Leute in der Carolina, S. 87 ff.
[94] Vgl. *Ritter*, Die Behandlung schädlicher Leute in der Carolina, S. 5.

(2) Regelungen der Drohung

Die einfache Drohung ist in Art. 176 CCC enthalten. Art. 176 CCC stellt jedoch keinen Straftatbestand der einfachen Bedrohung dar, wie ein Blick auf die Überschrift bereits vermuten läßt: „Von straff oder versorgung der personen von den man auß ertzeygten vrsachen, übels und missethatt warten muß". Der Einfluß des gelehrten Rechts führte nicht nur im Klagespiegel, sondern auch in der Carolina dazu, dass die Frage nach der Gefährlichkeit einer Person in den Mittelpunkt rückte, während zuvor bestimmte Verhaltensweisen wie das Messerzukken oder allgemein die Drohung Gegenstand der Überlegungen waren. Die Carolina verknüpft diese beiden Entwicklungen, indem sie in Art. 176 CCC die Rechtsfolge an die Gefährlichkeit einer Person anknüpft und die Drohung als ein Indiz für die Gefährlichkeit besonders erwähnt: „Item so eyner eyn urphed...verbrochen, item, ob eyner trohet...und auss jtzgemelten oder andern gnugsamen ursachen eyner person nit zu vertrawen ist oder zu glauben wer, daß sie die leut gewaltsamer thätlicher beschedigung vnd übels vertrüge".
Die Tatsache, dass es sich bei Art. 176 CCC nicht um einen Straftatbestand der Bedrohung, sondern um eine Sicherungsmaßnahme[95] handelt, verdeutlichen die vorgesehenen Rechtsfolgen. Danach muß die als gefährlich angesehene Person Kaution leisten. Kann sie nach Einschätzung des Gerichts, das die Meinung von Sachverständigen einzuholen hat, um etwaiger Willkür des Richters vorzubeugen, eine „gnugsame caution" nicht leisten, muss die Person so lange ins Gefängnis, bis sie es kann. Dies bedeutete unter Umständen lebenslangen Gefängnisaufenthalt[96].

(3) Schlussfolgerung

Die einfache Bedrohung wurde in der Carolina weiterhin wie im Mittelalter nicht wegen des Verhaltens an sich, sondern nur im Hinblick auf die zu begehende Tat geahndet. Nun aber rückte sie regelungstechnisch ein wenig in den Hintergrund, indem sie nur noch ein Indiz für die Gefährlichkeit einer Person war. In der Rechtswirklichkeit kam der Drohung jedoch weiterhin eine große Bedeutung zu, da sie wohl das am häufigsten vorkommende Indiz darstellte[97].

---

[95] Während die Reaktion auf die einfache Drohung als Sicherungsmaßnahme angesehen werden muß, ist die Drohung gegenüber der Gemeinde oder dem Land unter gleichzeitigem Verlassen der Stadt und Aufsuchen von Räubern auf dem Lande in Art. 128 CCC als Landzwang unter Strafe gestellt. Rechtsfolge war der Tod durch das Schwert. Die bereits im Spätmittelalter vorgenommene Unterscheidung zwischen der einfachen und der schweren Drohung fand somit in der Carolina auch gesetzestechnisch Beachtung (vgl. oben III 3 (1) Fn. 92).

[96] Art. 202 der Constitutio criminalis Bambergensis von 1507 – Vorläuferin der CCC (*Gmür*, Grundriß der deutschen Rechtsgeschichte, Rn. 327) – betont diesen Aspekt, indem sie von „ewigem" Gefängnis spricht.

[97] *Ritter*, Die Behandlung schädlicher Leute in der Carolina, S. 89.

Der wesentliche Unterschied in den Rechtsfolgen im Vergleich zu den vorhergehenden Jahrhunderten war, dass der Friedensschwur einer Geldleistung wich[98]. Die Haft sollte daher nicht mehr nur ein Versprechen erzwingen bzw. ersetzen, sondern eine Geldleistung bzw. Bürgenstellung für diese Geldleistung. Dies führte dazu, dass die Armen, die zur Bürgenstellung häufig nicht in der Lage waren, oftmals in Sicherungshaft genommen wurden[99]. Die Sicherungshaft artete daher im Laufe der Zeit aus[100]. Zusammen mit veränderten Rechtsanschauungen[101] und der Tatsache, dass die Sicherungshaft auf Kosten des Bedrohten erfolgte, führte dieser Umstand zum Zerfall der Sicherungsmaßnahmen[102]. So konnte an ihre Stelle unter Carpzov die Strafe treten. Der Schritt von der regelmäßig eintretenden Sicherungshaft zur Strafhaft war nicht groß[103].

2. Das gemeine Recht

(1) Übersicht

Auf der Grundlage der Carolina entwickelte sich das sogenannte gemeine Recht[104]. Als Begründer einer gemeinrechtlichen Strafrechtswissenschaft gilt Benedikt Carpzov (1595-1666)[105]. Die Herrschaft des gemeinen Rechts überdauerte die Entwicklungen der nächsten Jahrhunderte[106]. Die Aufklärung des 18. Jahrhunderts führte zwar zu Veränderungen. In ihrem Gefolge wurde durch so bedeutende Rechtsgelehrte wie Christian Thomasius (1655-1728), Montesquieu (1689-1755) und Beccaria (1783-1794) die unmenschliche Härte des peinlichen Strafrechts abgeschwächt[107]. Nicht zuletzt der von Montesquieu in seinem Werk „De l'esprit des lois" von 1748 sinngemäß geforderte und später (1801) von Feuerbach formulierte Grundsatz „nulla poena sine lege" führte zu vernunftrechtlichen Strafrechtskodifikationen[108]. An der Geltung des gemeinen Rechts änderte dies jedoch nichts. Seine ausschließliche Geltung wurde viel-

---

[98] *Matter*, Die Friedensbürgschaft, S. 13.
[99] *Matter* ebenda.
[100] *Matter*, Die Friedensbürgschaft, S. 113.
[101] Vgl. unten 2 (2).
[102] *Glaser*, Abhandlungen aus dem Oesterreichischen Strafrecht, S. 68; *Matter*, Die Friedensbürgschaft, S. 15.
[103] *Matter*, Die Friedensbürgschaft, S. 113.
[104] *Jescheck*, Lehrbuch des Strafrechts AT, S. 94.
[105] *Eisenhardt*, Deutsche Rechtsgeschichte, Rn. 248.
[106] Vgl. *Jescheck*, Lehrbuch des Strafrechts AT, S. 94.
[107] Vgl. *Gmür*, Grundriß der deutschen Rechtsgeschichte, Rn. 334 ff.
[108] *Gmür*, Grundriß der deutschen Rechtsgeschichte, S. 93; *Köbler*, Deutsche Rechtsgeschichte,
S. 139 f.

mehr erst mit der Welle der Strafrechtskodifikationen durch die Einzelstaaten des Deutschen Bundes im 19. Jahrhundert beendet.[109]

(2) Die Drohung im gemeinen Recht nach Carpzov

Im gemeinen Recht änderte sich das Verständnis von der Bedrohung. Carpzov sah in der einfachen Bedrohung nicht mehr nur ein Indiz für die Gefährlichkeit einer Person, das nach Sicherungsmaßnahmen verlangt, sondern eine strafbare Handlung[110]. Allerdings war noch nicht klar, worin die Rechtsverletzung einer Drohung zu sehen ist, so dass sie nicht als neuer Straftatbestand, sondern als eine Art des Versuchs der angedrohten Tat angesehen oder unter einen aus dem römischen Recht übernommenen Auffangtatbestand – die Iniurie – subsumiert wurde[111]. Als iniurie oder Versuch bestrafte insbesondere die gemeinrechtliche Praxis die einfache Drohung[112]. Allerdings änderte diese neue Anschauung des gemeinen Rechts nichts an der Ausgestaltung der Rechtsfolgen. Sie wurden lediglich nicht mehr als Sicherungsmaßnahmen bezeichnet. Die aufgrund des Art. 176 CCC immer öfter verhängte Sicherungshaft wurde von nun an einfach als Strafhaft aufgefasst[113].

(3) Regelungen der Drohung im 18. Jahrhundert

Die Auswirkungen der Anschauungen Carpzovs finden sich in den vernunftrechtlichen Strafrechtskodifikationen des 18. Jahrhunderts wieder. Im Codex Juris Bavarici Criminalis von 1751 gelangte die einfache Bedrohung in den Besonderen Teil. Im Ersten Teil, 8. Kap., § 7 ist die einfache Bedrohung als Straftatbestand geregelt. In der Constitutio Criminalis Theresiana von 1768 findet die Bedrohung ebenfalls als Straftatbestand des Besonderen Teils im Art. 73, § 9 Aufnahme. So sehr jedoch auch versucht wurde, die Drohung als Straftatbestand darzustellen, die Rechtsfolgen sind aus heutiger Sicht weiterhin reine Sicherungsmaßnahmen: Es wird Kaution und bei Unannehmlichkeit „gefänglich-sichere Verwahrung“[114] angeordnet. Auch das Preußische Allgemeine Landrecht ordnet für die einfache Drohung im II. Teil, 20. Titel, 17. Abschnitt, §§ 44, 534 „Maßregeln, wodurch der Bedrohte in Sicherheit gesetzt wird“ und „Sicherheitsstellung durch Pfand oder Bürgen“ an.

[109] *Eisenhardt*, Deutsche Rechtsgeschichte, Rn. 549.
[110] *Schroeder*, Die Bedrohung mit Verbrechen, S. 668; *Ritter*, Die Behandlung schädlicher Leute in der Carolina, S. 104.
[111] *Matter*, Die Friedensbürgschaft, S. 112.
[112] *Bayrhammer*, Das Delikt der Bedrohung, S. 25; *Hug von Schlieren*, Die Drohung im Strafrecht, S. 63.
[113] *Matter*, Die Friedensbürgschaft, S. 113.
[114] Constitutio Criminalis Theresiana, Art. 73 § 12, 5.

V. Das 19. Jahrhundert

1. Übersicht

Im 19. Jahrhundert wurde die Aufklärung durch mehrere geistige Strömungen abgelöst. Das Strafrecht entwickelte sich unter dem Einfluß des von Kant (1724-1804) begründeten Idealismus weiter[115]. Den bedeutendsten Einfluß auf die Strafrechtsentwicklung übte daneben Paul Johann Anselm von Feuerbach (1775-1833) aus[116]. Kant und Feuerbach beeinflussten die Strafgesetzbücher des 19. Jahrhunderts nachhaltig. Vor allem das auf Feuerbach zurückgehende Bayerische Strafgesetzbuch von 1813 löste eine Welle der Kodifikationen durch die Einzelstaaten des Deutschen Bundes aus, die das Ende der Geltung der Carolina besiegelten und in ihren Rechtsfolgen einer humanistischen Auffassung entsprachen[117].

2. Die Behandlung der Drohung

(1) Rechtswissenschaft

Feuerbach erblickte im Gegensatz zu der herrschenden Meinung der beiden vorhergehenden Jahrhunderte in der einfachen Drohung kein Verhalten, das Strafe erfordert. Er hielt nur Sicherheitsmaßregeln gegen den Drohenden für begründet[118]. In dieser Weise interpretierte er auch Art. 176 CCC. Er wurde von Feuerbach wieder als eine Vorschrift über Sicherheitsmaßnahmen erkannt. Auch Heffter sah in der einfachen Drohung ein Verhalten, dass nur Sicherungsmaßnahmen, nicht jedoch Strafe nach sich ziehen könne[119].
Tittmann hingegen war der erste, der die einfache Drohung „an und für sich als eine strafbare Handlung“ betrachtete, ohne auf die Konstruktion eines Versuches oder einer Iniurie zurückzugreifen[120]. Den Grund sah er in der durch die Drohung verletzten Rechtssicherheit[121]. Rechtsfolge der einfachen Drohung sollte Kautionsstellung oder Gefängnis sein[122]. Daneben sah Tittmann Sicherheitsmaßnahmen vor, deren Ausgestaltung von der Bedeutung des bedrohten Rechts-

---

[115] *Gmür*, Grundriß der deutschen Rechtsgeschichte, Rn. 342 f.
[116] *Gmür*, Grundriß der deutschen Rechtsgeschichte, Rn. 344.
[117] *Eisenhardt*, Deutsche Rechtsgeschichte, Rn. 548; *Gmür*, Grundriß der deutschen Rechtsgeschichte, Rn. 346.
[118] *Feuerbach*, Lehrbuch des gemeinen Rechts, § 433; vgl. auch die Anmerkungen des Herausgebers der 14. Auflage, C.J.A. *Mittermaier*.
[119] *Heffter*, Lehrbuch des gemeinen deutschen Criminalrechts, § 359.
[120] *Tittmann*, Handbuch der Strafrechtswissenschaft, 2. Bd, § 516.
[121] *Tittmann*, Handbuch der Strafrechtswissenschaft, 2. Bd, § 516 a.E.
[122] *Tittmann*, Handbuch der Strafrechtswissenschaft, 2. Bd, § 517.

guts und der Wahrscheinlichkeit der Verwirklichung der Drohung abhingen[123]. Von der Wegnahme der möglichen Tatwerkzeuge über Bürgenstellung, Kaution, eingeschränkt auch Polizeiaufsicht, Verweisungen bis hin zur Sicherungshaft reichten die in seinen Augen zulässigen Maßnahmen[124].
Die Störung des Rechtsfriedens wird auch von Berner im Abschnitt über Verbrechen gegen die persönliche Freiheit angeführt, um die Strafbarkeit der einfachen Drohung zu begründen[125]. Damit ist im 19. Jahrhundert der Zeitpunkt erreicht, von dem an die Begründungsmuster für die Strafbarkeit durch Rekrutierung der Rechtsgüter „Rechtsfrieden" und „Freiheit" den heutigen gleichen. Darauf wird im Abschnitt über das von § 241 StGB zu schützende Rechtsgut zurückzukommen sein.

(2) Gesetzgebung

Die beiden grundsätzlichen Betrachtungen der einfachen Drohung durch die Rechtswissenschaft spiegeln sich auch in den Strafgesetzbüchern des 19. Jahrhunderts wieder. Die Strafgesetzbücher, deren geistiger Vater Feuerbach mit seiner generalpräventiven Lehre ist, erfassen die einfache Drohung, wenn überhaupt, nur als ein Sicherungsmaßnahmen auslösendes Verhalten. Die Gesetzeswerke, die von Kant und seiner Vergeltungstheorie beeinflusst sind, sehen für die Fälle der einfachen Drohung Strafe vor.

(2.1) Strafe oder Sicherungsmaßregel?

(2.11) Keine strafrechtliche Reaktion

Das erste Strafgesetzbuch des 19. Jahrhunderts ist das Bayerische Strafgesetzbuch von 1813, das von Feuerbach redigiert worden war[126]. In diesem ist die Bedrohung nur noch als Mittel zu einer Erpressung in den §§ 241 ff geregelt. Die reine Bedrohung ist hingegen nicht erfaßt. Auch das zeitlich direkt nachfolgende Strafgesetzbuch für die Herzoglich-Oldenburgischen Lande von 1814 enthält die Drohung nur als Mittel zur Nötigung.

---

[123] *Tittmann*, Handbuch der Strafrechtswissenschaft, 1. Bd, § 133.
[124] *Tittmann*, Handbuch der Strafrechtswissenschaft, 1. Bd, § 134.
[125] *Berner*, Lehrbuch des deutschen Strafrechts, § 168 a.E.
[126] *Eisenhardt*, Deutsche Rechtsgeschichte, Rn. 544.

(2.12) Sicherungsmaßnahmen oder Kombination von Sicherungsmaßnahmen und Strafe

Das Badische Strafgesetzbuch von 1845 enthält zwar die einfache Bedrohung, lässt aber keine Strafe, sondern die Stellung unter polizeiliche Aufsicht folgen[127]. Das Strafgesetzbuch für das Herzogtum Nassau von 1849 sieht in Art. 169 ebenfalls Polizeiaufsicht, daneben noch Sicherheitsleistung vor[128]. Das Strafgesetzbuch für das Großherzogtum Hessen von 1841 ordnet in Art. 171 nach Maßgabe der Umstände des Einzelfalls entweder kurzzeitige Freiheitsstrafe oder Sicherungsmaßnahmen in Form der Sicherheitsleistung oder Polizeiaufsicht an[129]. Nach Art. 305 des Bayerischen Strafgesetzbuches von 1861 wird eine einfache Drohung mit Arrest bis zu 14 Tagen oder mit Geldstrafe bestraft.[130]. Im Wiederholungsfalle sieht es jedoch ebenfalls Polizeiaufsicht und bei weiteren Wiederholungsfällen Verwahrung in einer Polizeianstalt vor.

(2.13) Strafe

Unter Strafe gestellt ist die einfache Bedrohung im Criminalgesetzbuch für das Herzogtum Sachsen-Altenburg von 1841 in Art. 170, im daran angelehnten Strafgesetzbuch für die Thüringischen Staaten von 1850 in Art. 160, im Strafgesetzbuch für das Königreich Würtemberg von 1839 in Art. 282 und im Strafgesetzbuch für das Königreich Sachsen von 1855 in Art. 206. Im Strafgesetzbuch für das Kaisertum Österreich von 1852 fallen die einfache und die schwere Drohung in den §§ 99, 100 zusammen.

3. Das Reichsstrafgesetzbuch

Die einfache Bedrohung ist im § 241 RStGB von 1871 geregelt. Wenn auch das preußische Strafgesetzbuch von 1851 Grundlage des Reichsstrafgesetzbuches war, so beruht § 241 RStGB nicht auf § 213 prStGB[131]. § 213 prStGB behandelte ausschließlich den Fall der schweren Drohung bzw. des Landzwanges[132].

---

[127] *Thilo*, Strafgesetzbuch für das Großherzogtum Baden, Art. 280.
[128] *Stenglein*, Sammlung der deutschen Strafgesetzbücher, 3.Band.
[129] *Stenglein*, Sammlung der deutschen Strafgesetzbücher, 2.Band.
[130] *Bayrhammer*, Das Delikt der Bedrohung, S. 40.
[131] Entgegen *Ritter*, Die Behandlung schädlicher Leute in der Carolina, S. 113.
[132] Im preußischen Strafgesetzbuch von 1851 regelt § 213 die Bestrafung der Drohungen, die Brand oder Überschwemmungen zum Inhalt haben. Schroeder sieht darin eine Regelung der einfachen, reinen Drohung (vgl. *Schroeder*, Die Bedrohung mit Verbrechen, S. 669). Die Annahme, dass § 213 des preußischen StGB die einfache Drohung regele, ist jedoch unzutreffend. Die einfache Drohung war zwar noch in den vorhergehenden Entwürfen mit der Folge von Kautionsstellung oder Polizeiaufsicht enthalten, um der Störung oder Beunruhigung des Rechtsfriedens eines anderen zu begegnen (*Goltdammer*, Materialien, § 213). Diese Vorstel-

Das preußische Strafgesetzbuch stellte schließlich nicht die einzige Quelle des Reichsstrafgesetzbuches dar. Zur Ausarbeitung eines Entwurfs wurden naheliegenderweise die Texte sämtlicher deutscher und auch einiger ausländischer Strafgesetzbücher beschafft[133]. Des weiteren bestand die Kommission, die den Entwurf von 1869 revidierte, nicht ausschließlich aus Preußen. Von den sieben Mitgliedern kam je ein Jurist aus Sachsen, Mecklenburg-Schwerin und Bremen, die an den grundlegenden Diskussionen maßgeblich beteiligt waren[134]. § 241 RStGB ist somit das Ergebnis einer Diskussion auf Basis der Rechtswissenschaft und vieler Strafgesetzbücher, von denen einige die Rechtsfolgen Freiheits- und Geldstrafe enthielten, die § 241 RStGB für die einfache Bedrohung letztendlich vorsah. In § 241 RStGB wird die Bedrohung an sich als Rechtsverletzung betrachtet. Die angedrohten Taten verschwanden zu Ende des letzten Jahrhunderts jedoch nicht aus dem Blick des Gesetzgebers. In den Planungen zu der Novelle des Reichsstrafgesetzbuchs von 1876 war die Einführung einer Friedensbürgschaft in einem zweiten Absatz des § 241 RStGB vorgesehen.

4. Die Friedensbürgschaft des Entwurfs zur Strafrechtsnovelle von 1876

Der Entwurf zur Strafrechtsnovelle von 1876 sah die Möglichkeit einer Friedensbürgschaft vor. Auf diese Möglichkeit waren die Berater der Novelle insbe-

---

lungen wurden jedoch als nicht geboten aufgegeben, weil man davon ausging, dass in den Fällen, in denen die Drohung unter Umständen erfolgt, die die Ausführung derselben ernstlich befürchten lassen, eine Nötigung oder Erpressung gegeben sei (*Goltdammer* ebenda). § 213 regelt daher keine „sachwidrige Reduzierung auf den Individualschutz“ (so aber *Schroeder*, a.a.O., S. 669). Es war gerade nicht der Individualschutz, der hinter dieser Regelung stand, sondern der öffentliche Frieden. § 213 stellt die Weiterentwicklung des Landzwanges aus dem Entwurf von 1845 dar. Dort war der Landzwang noch als gemeingefährliche Bedrohung ganzer Ortschaften enthalten. Das Kriterium der Universitas ist in § 213 jedoch deshalb nicht mehr enthalten, weil Überschwemmung und Brand als gemeingefährliche Verbrechen gerade wegen ihrer Gemeingefährlichkeit auch dann die Allgemeinheit erschreckten, wenn sie nur gegen einzelne ausgestoßen wurden (*Berner*, Lehrbuch des Deutschen Strafrechtes, § 200, *Goltdammer*, a.a.O., § 213; aus denselben Gründen handelt es sich bei Art. 196 des Oldenburgischen Strafgesetzbuches aus dem Jahre 1858 und bei § 179 des Criminalgesetzbuches für das Herzogtum Braunschweig von 1840 um Regelungen der reinen, aber schweren Drohung). § 213 wird daher auch in der Erläuterung des Reichsstrafgesetzbuches von Puchelt als Vorläufer des § 126 RStGB angeführt (*Puchelt*, Strafgesetzbuch, § 126). Der Unterschied zwischen den beiden Paragraphen liegt darin, dass in § 126 RStGB die Androhung auf alle gemeingefährlichen Verbrechen ausgedehnt und die dadurch eintretende Störung des öffentlichen Friedens wieder ausdrücklich erwähnt wird. § 126 RStGB wird daneben auch ausdrücklich als eine Vorschrift über den Landzwang bezeichnet, womit dessen Wurzeln richtig erkannt werden: Es sind dies die Vorschriften über die Behandlung der Drohungen gegenüber der Stadt unter gleichzeitigem Verlassen derselben in den Stadtrechten des Spätmittelalters, 6 Jahrhunderte vor der Schaffung des Reichsstrafgesetzbuches (Vgl. oben Fn. 92).

[133] *Schubert*, Die Quellen zum Strafgesetzbuch von 1870/71, GA 1982, S. 195.

[134] *Schubert*, Die Quellen zum Strafgesetzbuch von 1870/71, GA 1982, S. 191, 195.

sondere durch die positiven Erfahrungen des englischen Rechts mit den vergleichbaren „surety of peace“ und „surety für good behaviour“[135], aber auch aufgrund der den englischen Regelungen ähnelnden dänischen Bestimmungen des Strafgesetzes von 1866 und einiger deutscher Regelungen aufmerksam gemacht worden[136]. Zu den letzteren zählten in erster Linie Art. 176 CCC sowie einige Gesetzes des 18. und 19. Jahrhunderts, wie beispielsweise das Preußische Allgemeine Landrecht von 1794 (II. Teil, 20. Titel, 17. Abschnitt, §§ 44, 534)[137].

Die Friedensbürgschaft war nur dann zulässig, wenn der Täter bereits wegen einer der aufgeführten Straftaten verurteilt worden war[138]. Zu diesen Straftaten zählten unter anderem neben der Bedrohung als dem „ursprünglichsten Geltungsgebiet“[139] der Friedensbürgschaft Landzwang, Körperverletzung, Sachbeschädigung, Störung des öffentlichen Friedens und Handlungen im Stadium des Versuchs[140]. Die Friedensbürgschaft sollte entweder die Begehung der angedrohten bzw. versuchten Straftaten oder die wiederholte Begehung der betreffenden Straftaten verhindern[141].

Als Mittel zur Verhinderung war in erster Linie eine Kautionszahlung von 30 bis 3000 Mark vorgesehen, die auf eine Dauer von einem Monat bis zu einem Jahr befristet werden sollte (§ 39 a des Entwurfs[142]). Diese stellte die Sicherheit dafür dar, dass der Verurteilte während der festgesetzten Zeit die betreffenden Straftaten nicht begehen werde. Sollte die Sicherheit nicht geleistet werden, war der Verurteilte in Haft zu nehmen (§ 39 b des Entwurfs).

Die Friedensbürgschaft hielt jedoch nicht Einzug in das Reichsstrafgesetzbuch. Der Grund dafür ist nicht in etwaigen Zweifeln an der Wirksamkeit dieses Mittels zu suchen, sondern in der fehlenden Zweispurigkeit des damaligen Sanktionensystems. Im 19. Jahrhundert kannte das Reichsstrafgesetz noch keine Unterscheidung zwischen Strafe als rechtsethischem Vorwurf und der Sicherheitsmaßnahme als spezialpräventiver, schuldunabhängiger Folge. Diese Zweiteilung kam erst mit Carl Stooß und v. Liszt[143]. Eine Aufnahme der Friedensbürgschaft war nur möglich, wenn sie als Strafe legitimiert werden konnte. So wurde sie von dem Entwurf auch als „Nebenstrafe“ angesehen[144]. Zu dieser Einordnung sah man sich jedoch überwiegend außerstande, denn die Strafe sollte als Übel

[135] Vgl. ausführlich zu diesen Rechtsinstituten des letzten Jahrhunderts: *Matter*, Die Friedensbürgschaft, S. 38 ff.

[136] *Schierlinger*, Die Friedensbürgschaft. S. 76 f.

[137] *Schierlinger*, Die Friedensbürgschaft, S. 77.

[138] *Schierlinger* ebenda.

[139] *Matter*, Die Friedensbürgschaft, S. 85.

[140] *Schierlinger*, Die Friedensbürgschaft, S. 77 f.

[141] *Schierlinger*, Die Friedensbürgschaft, S. 78.

[142] Abgedruckt bei *Schierlinger*, S. 78 f.

[143] *Hanack* in LK, vor § 61 Rn. 5.

[144] *Schierlinger*, Die Friedensbürgschaft, S. 91.

nicht um des zu besorgenden, sondern um des begangenen Verbrechens Willen auferlegt werden[145]. Die bereits begangene Tat würde – so die überwiegende Sicht – lediglich als Beweis dafür angesehen werden, dass man von dem Täter eine Wiederholung derselben zu erwarten habe[146]. Die Friedensbürgschaft entsprach somit nicht dem Wesen der Strafe. Da man aber von der Zweckmäßigkeit dieser reinen Sicherheitsmaßnahme überzeugt war, versuchte man sie zu retten[147]. Mangels Qualifizierung als Strafe konnte dies damals aus kompetenzrechtlichen Gründen nur in den Polizeigesetzen erfolgen[148]. Doch auch dort blieb eine Normierung aus. Somit verschwand dieses Institut aus dem deutschen Rechtskreis, tauchte aber im deutschsprachigen Ausland wieder auf und beansprucht als Art. 57 des schweizerischen StGB noch heute Geltung[149].

VI. Das 20. Jahrhundert

Die Reformen des 20. Jahrhunderts brachten keine wesentliche Veränderung des Bedrohungstatbestandes. Die Einführung eines Vortäuschungstatbestandes (§ 241 II StGB) zur Schließung von Strafbarkeitslücken durch das 14. Strafrechtsänderungsgesetz stellt nur eine Ausweitung der Strafbarkeit für die Verletzung des Rechtsgutes des § 241 StGB dar und brachte somit für die einfache Drohung keine Änderungen.

VII. Ergebnis

Vom Mittelalter bis zum 17. Jahrhundert erfassten die Gesetzgeber die Drohung nur im Hinblick auf die in Aussicht gestellten Taten. Sie wurde als ein Indiz für die Gefährlichkeit einer Person angesehen, das nach Sicherungsmaßnahmen verlangt. Die Betrachtung der Bedrohung als Straftatbestand, der Vergeltungsstrafe nach sich zieht, kam erst im gemeinen Recht auf. Allerdings wurde die Strafbarkeit der Drohung damit begründet, dass es sich um eine „injurie" oder einen entfernten Versuch des angedrohten Delikts handele. An den Rechtsfolgen änderte diese neue Anschauung hingegen nichts. Auch die vernunftrechtlichen Strafrechtskodifikationen des 18. Jahrhunderts sahen weiterhin als Rechtsfolgen Kaution und Sicherungsverwahrung vor. Im 19. Jahrhundert wurde das, was die Rechtsfolgen weiterhin andeuteten, teilweise in der Rechtswissenschaft wieder ausgesprochen: Die Drohung erfordere nur Sicherungsmaßnahmen. Auf der an-

---

145 *Schierlinger*, Die Friedensbürgschaft, S. 92.

146 *Matter*, Die Friedensbürgschaft, S. 88.

147 *Matter*, Die Friedensbürgschaft, S. 84 ff, 88; *Schierlinger*, Die Friedensbürgschaft, S. 104 ff.

148 *Schierlinger*, Die Friedensbürgschaft, S. 93 und 105.

149 Allerdings tritt die Kautionsleistung in der Friedensbürgschaft des schweizerischen Rechts neben die Ableistung des Versprechens, die Tat nicht auszuführen. Siehe unten C II 1 (2).

deren Seite wurde nun die Drohung von Teilen der Literatur als eine an sich strafbare Handlung betrachtet, ohne auf die Konstruktion eines Versuches oder einer injurie zurückzugreifen. In den Gesetzbüchern des 19. Jahrhunderts findet sich daher teilweise die Betrachtung beider Gesichtspunkte, teilweise wird nur auf den einen oder anderen abgestellt, je nachdem, wer der geistige Vater des Gesetzeswerkes war. Im Reichsstrafgesetzbuch fand die Drohung nur noch als ein Strafe forderndes Verhalten Eingang. Die Normierung von Sicherungsmaßnahmen glaubte man aus kompetenzrechtlichen Gründen nur in den Polizeigesetzen vornehmen zu können. Die heutige Zweispurigkeit des Strafrechts lässt diesen Grund entfallen; die im Kern präventivpolizeilichen Maßnahmen der Besserung und Sicherung fallen in die Kompetenz der Strafrechtspflege[150]. Der Überwindung der gesetzgeberischen Resignation im Hinblick auf Sicherungsmaßnahmen könnte heute somit nur noch das Verhältnismäßigkeitsprinzip im Wege stehen. Dass dies nicht der Fall ist, sondern vielmehr eine Sicherungsmaßnahme in Form einer Aufforderung an den Täter, die Nichtbegehung der angedrohten Tat zu versprechen, zulässig ist, wird im Kapitel über die Legitimation strafrechtlicher Reaktionen nachzuweisen sein.

[150] *Hanack* in LK, vor § 61 Rn. 37; siehe auch unten C II 1 (1).

C. Legitimation und Reichweite strafrechtlicher Reaktion

I. Legitimation strafrechtlicher Reaktion in Bezug auf die Drohung

1. Schutzgut des § 241 StGB

Das Strafrecht dient dem Rechtsgüterschutz[1]. Eine materiell-strafrechtliche Reaktion auf ein Verhalten in Form von Strafe kann daher nur erfolgen, wenn das in Frage stehende Verhalten überhaupt ein Rechtsgut tangiert. Daher stellt sich zunächst die Frage nach dem durch § 241 StGB geschützten Rechtsgut.

(1) Einleitung

Zunächst wird der Bedeutung des Begriffs „Rechtsgut" nachgegangen.

Anschließend wird der Meinungsstand zu der Streitfrage dargestellt, was Schutzgut des § 241 StGB ist. Im neueren Schrifttum wird in den meisten Fällen der individuelle Rechtsfrieden beziehungsweise das Gefühl der Rechtssicherheit genannt[2]. Andere sehen in der reinen, einfachen Bedrohung ein Delikt gegen die Willensfreiheit[3]. Teilweise werden beide Interessen als geschützte Rechtsgüter

---

[1] Herrschende Meinung. Vgl. beispielsweise *Jäger*, Strafgesetzgebung und Rechtsgüterschutz bei Sittlichkeitsdelikten, S. 120 ff; *Naucke*, Strafrecht, § 6 III 6; *Roxin*, Strafrecht AT, § 2 Rn. 1; *Rudolphi*, Die verschiedenen Aspekte des Rechtsgutsbegriffs, S. 164 f; *Suhr*, Rechtsgut und Tatobjekt im Strafrecht, S. 303. Gegen eine Gleichsetzung von Normzweck und Rechtsgüterschutz ist *Jakobs*, Strafrecht AT, 2.Abschn. Rn. 16 ff.

[2] *Arzt*, Strafrecht BT, S. 234: „Verletzung des Rechtsfriedens"; *Brodag*, Strafrecht BT, § 241 Rn. 90: „Geschütztes Rechtsgut ist das Vertrauen des einzelnen auf seinen Rechtsfrieden sowie sein Gefühl der Rechtssicherheit."; *Eser* in S/S, § 241 Rn. 2: „Schutzgut des § 241 [ist] der individuelle Rechtsfrieden"; *Haft*, Strafrecht BT, S. 122: „Bedrohung ist ein abstraktes Gefährdungsdelikt gegen den individuellen Rechtsfrieden."; *Horn* in SK, § 241 Rn. 2: „Das durch die Vorschrift geschützte Rechtsgut ist das Vertrauen des einzelnen auf seinen Rechtsfrieden, sein Gefühl der Rechtssicherheit"; *Kühl* in Lackner / Kühl, § 241 Rn. 1: „Die Vorschrift schützt das Gefühl der Rechtssicherheit des einzelnen"; *Otto*, Grundkurs Strafrecht, § 36 Rn. 1: „Geschütztes Rechtsgut des § 241 ist *der persönliche Rechtsfrieden des Einzelnen*"; *Rengier*, Strafrecht BT II, § 27 Rn. 1: „Die Vorschrift, die den individuellen Rechtsfrieden schützt, ..."; *Schäfer* in LK, § 241 Rn. 2: „§ 241 ist vielmehr primär als Delikt gegen den subjektiven Rechtsfrieden des einzelnen, gegen das Gefühl der Rechtssicherheit und sein Vertrauen auf seinen Rechtsfrieden ... aufzufassen, ...".

[3] *Blei*, Strafrecht BT, § 21 I: „Schutz der persönlichen Freiheit gegen Gefährdung durch Einschüchterung"; *Gössel*, Strafrecht BT I, § 20 Rn. 1: „individuelle Willensbildungs- und -betätigungsfreiheit"; *Schroeder*, Strafrecht BT I, § 16 Rn. 2: „Gefährdung der Willensentschließungsfreiheit"; *Welzel*, Das Deutsche Strafrecht, § 43 VI: „Strafgrund ist die (abstrakte) Gefährdung der Handlungsfreiheit".

angesehen[4]. Bei diesem Meinungsstreit fällt auf, dass in den meisten Kommentaren und Lehrbüchern zwar ein Schutzgut genannt, aber keine Begründung gegeben wird[5]. Begründungen für die Annahme eines Rechtsgutes bieten Arbeiten des älteren Schrifttums, da der Meinungsstreit zur letzten Jahrhundertwende sehr viel eingehender geführt worden ist[6]. Doch auch hier kamen als Antwort auf die Frage, was das von einem reinen, einfachen Bedrohungstatbestand geschützte Rechtsgut ist, nur der individuelle Rechtsfrieden und die Willensfreiheit in Betracht[7].

Ein Vergleich mit den Regelungen des amerikanischen und österreichischen Rechts wird jedoch eine dritte Möglichkeit zu Tage fördern: das Freisein von Angst und Schrecken.

Damit kommen als Schutzgut des § 241 StGB drei Interessen in Betracht: der Rechtsfrieden, die Willensfreiheit und das Freisein von Angst und Schrecken. Bevor jedoch die Frage beantwortet werden kann, dem Schutz welchen Interesses § 241 StGB dient, wird geklärt werden müssen, was unter dem Begriff „Rechtsfrieden" zu verstehen ist. Denn die Darstellung des Meinungsstreites und der Rechtsvergleich ergeben zwar ein einheitliches Verständnis von der Bedeutung der Begriffe „Willensfreiheit" und „Freisein von Angst und Schrecken", das Verständnis von der Bedeutung des Begriffes „Rechtsfrieden" entpuppt sich hingegen als sehr unterschiedlich.

Die anschließende Beantwortung der Frage, dem Schutz welchen Interesses § 241 StGB dient, wird zeigen, dass § 241 StGB weder den Rechtsfrieden in seiner eigenständigen Bedeutung noch die Willensfreiheit, sondern vielmehr das

[4] *Joecks*, Strafgesetzbuch, § 241 Rn. 1; *Spendel*, Zum Problem der Bedrohung, S. 207; *Tröndle* in Tröndle / Fischer, § 241 Rn. 2: „Rechtsgut ist in erster Linie der Rechtsfrieden des einzelnen ...; denn § 241 schützt schon die abstrakt gefährdete Handlungsfreiheit des einzelnen".

[5] Siehe beispielsweise *Blei*, Strafrecht BT, § 21 I; *Brodag*, Strafrecht BT, § 241 Rn. 90; *Haft*, Strafrecht BT, S. 122; *Horn* in SK, § 241 Rn. 2; *Joecks*, Strafgesetzbuch, § 241 Rn. 1; *Kühl* in Lackner / Kühl, § 241 Rn. 1; *Otto*, Grundkurs Strafrecht, § 36 Rn. 1; *Rengier*, Strafrecht BT II, § 27 Rn. 1; *Welzel*, Das Deutsche Strafrecht, § 43 VI.

[6] *Bayrhammer*, Das Delikt der Bedrohung, Tübingen 1896; *Goehrs*, Die Delikte der Androhung und der Bedrohung, ZStW 19, 479; *Hälschner*, Das gemeine deutsche Strafrecht II, 1884, S. 130f; *Hug von Schlieren*, Die Drohung im Strafrecht, Zürich 1924; *Kleineberg*, Die Drohung als Mittel zur Begehung strafbarer Handlungen, Erlangen 1907

[7] *Bayrhammer*, Das Delikt der Bedrohung, S. 10: „das besondere Rechtsgut der Rechtssicherheit"; *Goehrs*, Die Delikte der Androhung und der Bedrohung, S. 485: „das subjektive Rechtsfriedensbewußtsein"; *Hälschner*, Das gemeine deutsche Strafrecht II, S. 130: „Beeinträchtigung der persönlichen Freiheit", *Hug von Schlieren*, Die Drohung im Strafrecht, S. 27: „Freiheit der Willensentschließung"; *Kleineberg*, Die Drohung als Mittel zur Begehung strafbarer Handlungen, S. 9: „Verletzung der persönlichen Freiheit".

Freisein von Angst und Schrecken sichern soll. Eine Prüfung wird ergeben, dass das Interesse am Freisein von Angst und Schrecken bzw. der Zustand des Freiseins von Angst und Schrecken als Rechtsgut bezeichnet werden kann. Schutzgut des § 241 StGB ist somit das Freisein von Angst und Schrecken.

(2) Bedeutung des Rechtsgutsbegriffs

Der Begriff „Rechtsgut" wird von der überwiegenden Ansicht herangezogen, um die Aufgabe des Strafrechts zu beschreiben: Das Strafrecht dient dem Rechtsgüterschutz[8]. Dabei gehört die Lehre vom Rechtsgut seit ihrer Bildung im 19. Jahrhundert durch Birnbaum[9] zu den umstrittensten und am wenigsten exakt geklärten Grundlagenproblemen des Strafrechts[10]. So gibt es eine Vielzahl von Versuchen, den Begriff des Rechtsgutes zu definieren. Teilweise wird von „werthaften Zuständen"[11], von „Wertgattungen"[12], von „rechtlich geschützten Interessen"[13], „rechtlich geschützten abstrakten Werten"[14], von „Potentialen für Handlungschancen"[15], vom „Schutz von Partizipationschancen in der Gesellschaft"[16], von „werthaften sozialen Funktionseinheiten"[17] oder von „Eigen-

[8] *Jäger*, Strafgesetzgebung und Rechtsgüterschutz bei Sittlichkeitsdelikten, S. 120 ff; *Naucke*, Strafrecht, § 6 III 6; *Roxin*, Strafrecht AT, § 2 Rn. 1; *Rudolphi*, Die verschiedenen Aspekte des Rechtsgutsbegriffs, S. 164 f; *Suhr*, Rechtsgut und Tatobjekt im Strafrecht, S. 303.

[9] *Birnbaum*, Über das Erfordernis einer Rechtsverletzung zum Begriff des Verbrechens usw., in: Archiv des Criminalrechts, Neue Folge, Bd. 15 (1834), 149 ff.

[10] *Roxin*, Strafrecht AT, § 2 Rn. 48 a.E.; *Rudolphi*, Die verschiedenen Aspekte des Rechtsgutsbegriffs, S. 151. Zur Dogmengeschichte siehe: *Amelung*, Rechtsgüterschutz und Schutz der Gesellschaft; *Sina*, Die Dogmengeschichte des strafrechtlichen Begriffs „Rechtsgut".

[11] *Roxin*, Jus 1966, S. 381 f, der seine Auffassung mittlerweile fortentwickelt hat, vgl. daher *denselben* in: Strafrecht AT, § 2 Rn. 9. Vgl. auch *Welzel*, Das Deutsche Strafrecht, S. 4, der von „erwünschten sozialen Zuständen" spricht, und die Definition von *Kienapfel*, Strafrecht AT, S. 25: „Jene Werte, Einrichtungen und Zustände, die für das geordnete menschliche Zusammenleben unentbehrlich sind und eines Schutzes durch das Strafrecht bedürfen, bezeichnet man als Rechtsgüter."

[12] *Jäger*, Strafgesetzgebung und Rechtsgüterschutz bei Sittlichkeitsdelikten, S. 15.

[13] *Liszt*, Der Begriff des Rechtsguts im Strafrecht, S. 141 f; *derselbe* in: Rechtsgut und Handlungsbegriff im Bindingschen Handbuche, S. 673; nach *Tiedemann*, Tatbestandsfunktionen im Nebenstrafrecht, S. 115, ist Substrat des Rechtsgutes die bewertete Beziehung von Menschen zu Interessen. Auch nach *Stratenwerth*, Strafrecht AT, 4. Auflage, § 8, Rn. 12, umfasst der Rechtsgutsbegriff neben dem körperlichen Substrat stets auch die Beziehung auf den Einzelnen oder die Gesamtheit, allerdings spricht er nicht von „Interessen", sondern wiederum von „Zuständen".

[14] *Jescheck*, Strafrecht AT, S. 257; vgl. auch *Blei*, Strafrecht AT, S. 89, der vom „objektiven Wert" spricht und *Lampe*, Rechtsgut, kultureller Wert und individuelles Bedürfnis, S. 151 ff, der von schutzbedürftigen „kulturellen Werten" spricht.

[15] *Loos*, Zum „Rechtsgut" der Bestechungsdelikte, S. 888.

[16] *Callies*, Theorie der Strafe im demokratischen und sozialen Rechtsstaat, S. 143.

[17] *Rudolphi*, Die verschiedenen Aspekte des Rechtsgutsbegriffs, S. 164.

schaften“[18] gesprochen. All diesen Definitionen ist gemeinsam, dass sie vage, merkmalarm und inhaltlich unbefriedigend sind[19]. Einige Wissenschaftler äußern daher prinzipielle Skepsis gegenüber dem Rechtsgutsbegriff[20]. Teilweise wird ihm jeder materielle Gehalt abgesprochen; die Ansicht, dass sich das Rechtsgut nur formal durch Auslegung des Gesetzes ergebe, findet sich bei Honig, Schwinge und Grünhut, die davon sprechen, dass das Rechtsgut die „Abbreviatur des Zweckgedankens“[21], „der vom Gesetzgeber in den einzelnen Strafrechtssätzen anerkannte Zweck in seiner kürzesten Form“[22] oder schlicht die „ratio der Einzelrechtssätze“[23] sei. In dieser Form wird das Rechtsgut lediglich als Mittel teleologischer Auslegung verstanden, als methodisches Prinzip. Andere suchen weiterhin nach einem dem Strafrecht vorgelagerten Maßstab dafür, was der Gesetzgeber bestrafen darf und was er straflos lassen sollte, mit anderen Worten: nach einem materiellen Verbrechensbegriff, ohne auf den Gedanken des Rechtsgüterschutzes zurückzukommen. So beruft sich beispielsweise Zipf direkt auf Verfassungsordnung und Straftheorie, ohne den Rechtsgutsbegriff als systematisierenden Begriff zu verwenden[24]. Amelung hingegen sieht die Aufgabe des Strafrechts nicht im Rechtsgüterschutz, sondern in der Sicherung der Bedingungen menschlichen Zusammenlebens und versucht so den materiellen Verbrechensbegriff auf eine Theorie des Sozialschadens zu gründen[25]. Er kritisiert an den Rechtsgutslehren, dass ihnen im Unterschied zu der aufklärerischen Rechtsverletzungstheorie keine Gesellschaftstheorie zugrunde liege[26]. Sie hätten einen „formalen Charakter“[27]. Die von Amelung angebotene Lösung basiert auf einem bundesrepublikanischen Sozialsystem, das durch das Grundgesetz legitimiert ist[28]. Amelung ist entgegen zu halten, dass seine zentrale These, die Rechtsgutslehren entbehrten einer Gesellschaftstheorie, aus der sich die Güterwahl ergibt, übersieht, dass sowohl Birnbaum als auch seine Nachfolger auf einer (wenn auch unvollständigen oder nicht vollständig durchdachten) Gesell-

---

[18] *Kindhäuser*, Gefährdung als Straftat, S. 138 ff.
[19] *Hassemer* in NK, vor §1 Rn. 285 ff; *derselbe* in: Theorie und Soziologie des Verbrechens, S. 64; *Roxin*, Strafrecht AT, § 2 Rn. 5.
[20] *Androulakis*, Über den Primat der Strafe, S. 302; *Bockelmann*, Strafrecht AT, S. 10 f.
[21] *Grünhut*, Methodische Grundlagen der heutigen Strafrechtswissenschaft, S. 8.
[22] *Honig*, Die Einwilligung des Verletzten, S. 94.
[23] *Schwinge*, Teleologische Begriffsbildung im Strafrecht, S. 25.
[24] *Zipf*, Kriminalpolitik, S. 107.
[25] *Amelung*, Rechtsgüterschutz und Schutz der Gesellschaft, S. 350 ff.
[26] *Amelung*, Rechtsgüterschutz und Schutz der Gesellschaft, S. 45 ff, 300 ff, 310. Vgl. S. 48: „Mit der Entstehung des Rechtsgutsbegriffes beginnt daher die lange Reihe der Versuche, die sozialen Folgen des Verbrechens ohne eine präzise Vorstellung vom Sozialen selbst, d.h. vom menschlichen Zusammenleben, zu beschreiben: schädlich ist, was Güter antastet und nicht: was menschliches Zusammenleben unmöglich macht.“
[27] *Amelung*, Rechtsgüterschutz und Schutz der Gesellschaft, S. 216.
[28] *Amelung*, Rechtsgüterschutz und Schutz der Gesellschaft, S. 363 Fn. 67.

schaftstheorie aufgebaut haben[29]. Amelungs Theorie löst auch nicht das Problem, wann das Strafrecht, das nur ein Subsystem darstellt, zur Sicherung der Bedingungen menschlichen Zusammenlebens erforderlich ist[30]. Des weiteren vermeidet Amelungs Theorie nur durch die von ihm vorausgesetzten grundgesetzlichen Einschränkungen, dass das Individuum dem System vollständig untergeordnet wird. Denn nach seiner Theorie wird die Person nicht um ihrer selbst willen, sondern nur um der Gesellschaft willen geschützt, so dass sie der Gesellschaft auch aufgeopfert werden könnte, solange nur das soziale Gesamtsystem unbeeinträchtigt bleibt[31]. Mit den Einschränkungen des Grundgesetzes, die wieder zu dem Satz führen: „Der Staat ist um des Menschen willen da, nicht der Mensch um des Staates willen"[32], befindet sich diese Theorie im Einklang mit der „liberalen Stoßrichtung des Rechtsgutsgedankens" und kann daher zu ähnlichen Ergebnissen führen[33]. Der wesentliche Unterschied zu den Rechtsgutslehren liegt darin, dass Amelungs Konzept abstrakter ist und als „Weltformel" schlechthin alles erfasst[34]. Damit lässt sich Amelungs Konzept nicht effektiv strafbarkeitsbegrenzend einsetzen.

Genau diese Kritik muss sich aber auch die Rechtsgutslehre entgegenhalten lassen. Sie liefert keinen abschließenden Katalog von Rechtsgütern[35]. Die mangelnde Ergiebigkeit des Rechtsgutsbegriffs hat jedoch seinen guten Grund. Aufgrund der Verschiedenartigkeit der Rechtsgüter steht man vor der Wahl „zwischen Vagheit und Selektivität: entweder sagt der Begriff wenig aus, ist er merkmalarm, oder er bezeichnet nur einen Teil der Rechtsgüter"[36]. Trotz seiner Vagheit lässt sich der Rechtsgutsbegriff dennoch als Grundlage eines materiellen Verbrechensbegriffs, als liberaler, materialer und inhaltserfüllter Begriff verwenden, dem Gesetzgeber also Grenzen setzen. Diese Grenzen lassen sich zwar nicht in einem „überpositiven Naturrecht", wie es die Aufklärung versuchte, finden, wohl aber in unserer dem Strafrecht vorgelagerten Verfassung[37].

---

29 *Hassemer*, Buchbesprechungen, S. 156.

30 *Hassemer*, Buchbesprechungen, S. 162.

31 *Roxin*, Strafrecht AT, § 2 Rn. 43.

32 Art. 1 I des Verfassungsentwurfes von Herrenchiemsee, abgedruckt bei *Amelung*, Rechtsgüterschutz und Schutz der Gesellschaft, S. 258.

33 *Roxin*, Strafrecht AT, § 2 Rn. 43.

34 *Hassemer*, Buchbesprechungen, S. 164. Vgl. auch die Kritik *Stratenwerths*, Strafrecht AT, 3. Auflage, Rn. 58, der bei Amelungs Konzept die Frage nach den normativen Kriterien gerade offen gelassen sieht.

35 *Bockelmann*, Strafrecht AT, S. 11; nach *Frisch*, An den Grenzen des Strafrechts, S. 71, beschränkt sich die Funktion des Rechtsgutsbegriffs daher im Grunde auf die Mahnung zu überprüfen, ob das, was als werthafter Zustand strafrechtlichen Schutz genießt, diesen Rangwert wirklich (noch) besitzt – „eine Funktion, die vor allem in Zeiten einer Änderung des gesellschaftlichen Modells oder des Wertewandels bedeutsam wird."

36 *Hassemer* in NK, vor § 1 Rn. 287.

37 *Hassemer*, Theorie und Soziologie des Verbrechens, S. 65; *Roxin*, Strafrecht AT, § 2 Rn. 9; *Rudolphi*, Die verschiedenen Aspekte des Rechtsgutsbegriffs, S. 158.

Daher lässt sich dann von einem Rechtsgut sprechen, wenn sich die „Eigenschaft“, das „Interesse“, der „Zustand“ oder die „Funktionseinheit“ mit den „Bewertungsnormen“, also mit den Vorgaben des Grundgesetzes deckt[38]. Aus diesem ergibt sich die Aufgabe des Rechtsstaates, die Freiheit des Einzelnen zu schützen[39]. Dementsprechend ist ein Rechtsgut gegeben, wenn das „Interesse“ usw. der Freiheit des Einzelnen, der freien Entfaltung seiner Persönlichkeit dient[40]. Damit ist zwar nicht gesagt, dass sich aus dem Rechtsgutsbegriff allein im Wege der Deduktion die Antwort auf die Frage ergibt, ob ein bestimmtes Verhalten noch unter Strafe gestellt werden darf[41]. Vielmehr bleibt die Antwort konkretisierender Auslegung überlassen[42]. Insoweit ist die Rechtsgutslehre nur begrenzt strafbarkeitsbegrenzend[43]. Sie geht jedoch deutlich über einen bloßen methodischen Rechtsgutsbegriff hinaus, indem sie Leitlinien für die Konkretisierung und Richtpunkte für die Argumentation liefert[44]. Als „Argumentationstopos“ ermöglicht sie eine eher am Menschen orientierte, eher durchsichtige und nachprüfbare Kriminalpolitik und Strafrechtsanwendung[45]. Ihre Bedeutung liegt in ihrem kritischen Potential und dem von ihr ausgehenden Legitimierungsdruck[46]. Sie bindet die Strafrechtspolitik, deren Entscheidungen sich daran messen lassen und rechtfertigen müssen, ob sie schutzwürdige menschliche Interessen wahren[47]. Dadurch macht der Begriff die Probleme an den Grenzen staatlicher Strafbefugnis sichtbar und ermöglicht eine rationale Lösung[48].
Im Vergleich zu den abweichenden Auffassungen bringt die Rechtsgutslehre mithin keine Unterschiede im Ergebnis der einzelnen Auslegung, sie ermöglicht aber eine Systematisierung. Daher kann an der Rechtsgutslehre festgehalten werden. Bei der Wahl einer konkretisierenden Umschreibung sollte jedoch darauf geachtet werden, dass nicht fälschlicherweise der Eindruck entsteht, Rechts-

[38] *Kindhäuser*, Gefährdung als Straftat, S. 144.
[39] *Roxin*, Strafrecht AT, § 2 Rn. 9.
[40] *Kindhäuser*, Gefährdung als Straftat, S. 144; *Marx*, Zur Definition des Begriffs >Rechtsgut<, S. 60, 62; *Roxin*, Strafrecht AT, § 2 Rn. 9; *Rudolphi*, Die verschiedenen Aspekte des Rechtsgutsbegriffs, S. 166
[41] *Rudolphi*, Die verschiedenen Aspekte des Rechtsgutsbegriffs, S. 161.
[42] *Hassemer*, Theorie und Soziologie des Verbrechens, S. 64; *Rudolphi* ebenda.
[43] Vgl. *Frisch*, Voraussetzungen einer modernen Strafgesetzgebung, S. 203 f; *Hassemer*, Theorie und Soziologie des Verbrechens, S. 67.
[44] *Hassemer*, Theorie und Soziologie des Verbrechens, S. 65.
[45] *Hassemer* in NK, vor § 1 Rn. 289.
[46] *Müller-Dietz*, Aspekte und Konzepte der Strafrechtsbegrenzung, S. 116; vgl. auch *Marx*, Zur Definition des Begriffs >Rechtsgut<, S. 89: „Er eröffnet Möglichkeit *und Zwang* zu kritischer Reflexion, er verwehrt die Flucht in Mythologie und Irrationalität. Gleichzeitig liefert er das leitende Prinzip, ... : die Freiheit personaler menschlicher Selbstverwirklichung“.
[47] *Hassemer* in NK, vor § 1 Rn. 289.
[48] *Roxin*, Strafrecht AT, § 2 Rn. 17.

güter bezeichneten Gegenstände im Sinne von Einzeldingen[49]. Dass dies nicht der Fall ist, hat Kindhäuser herausgearbeitet[50]. „Gesundheit“, „Ehre“, „Leben“ oder „Freiheit“ bezeichnen keine Einzeldinge, so dass jedenfalls diese zentralen Rechtsgüter keine als Wertträger in Frage kommenden Gegenstände sind[51]. Sie lassen sich auch nicht als immaterielle Gegenstände bezeichnen[52]. Es handelt sich nach Ansicht Kindhäusers vielmehr um Namen von Eigenschaften: „Als Name eines Universales ist beispielsweise ‚Gesundheit‘ von dem allgemeinen Prädikatsausdruck ‚gesund sein‘ abgeleitet, und zwar in dem Sinne, daß die Bedeutung des Wortes ‚Gesundheit‘ von der Bedeutung des allgemeinen Prädikatsausdruckes ‚gesund sein‘ abhängig ist.“[53] Eine Abgrenzung des Rechtsgutes vom gegenständlichen Bereich ermöglichen neben dem Begriff „Eigenschaften“ jedoch auch die häufig anzutreffenden Formulierungen „Interessen“ und „Zustände“. Ein Rechtsgut ist somit ein Interesse, das die freie Entfaltung der Persönlichkeit verfolgt bzw. ein Zustand, der die freie Entfaltung der Persönlichkeit ermöglicht.
Nachfolgend stellt sich daher die Frage, welches Rechtsgut, also welchen schutzwürdigen, weil die freie Entfaltung der Persönlichkeit ermöglichenden Zustand § 241 StGB schützt bzw. welchem schutzwürdigen Interesse § 241 StGB dient.

(3) Der Meinungsstand

(3.1) Der Rechtsfrieden

(3.11) Der Rechtsfrieden im neueren Schrifttum

Der Rechtsfrieden und die Rechtssicherheit wurden schon Anfang des 19. Jahrhunderts angeführt, um das Schutzgut des § 241 StGB zu beschreiben[54]. Der Umstand der fast zwei Jahrhunderte langen Anführung dieser Begriffe sagt jedoch nichts über ihre Berechtigung aus. Ein Blick in die Kommentare und Lehrbücher zeigt jedoch, dass in den meisten Fällen nicht viel mehr als ihre Anführung geboten wird. So wird das Schutzgut des § 241 StGB in vielen Lehrbüchern als Rechtsfrieden bezeichnet, wobei häufig die Adjektive „individuell“ oder „persönlich“ sowie das Attribut „des Einzelnen“ hinzugefügt werden, ohne

---

[49] So aber die Definition von *Marx*, Zur Definition des Begriffs >Rechtsgut<, S. 62: „Damit können wir nun Rechtsgüter material definieren als *diejenigen Gegenstände, die der Mensch zu seiner freien Selbstverwirklichung braucht.*“
[50] *Kindhäuser*, Gefährdung als Straftat, S. 138 ff.
[51] *Kindhäuser*, Gefährdung als Straftat, S. 138.
[52] *Kindhäuser* ebenda.
[53] *Kindhäuser*, Gefährdung als Straftat, S. 139.
[54] Vgl. oben B V 2 (1).

dass eine Erklärung des Begriffes erfolgen würde[55]. In den größeren Kommentaren finden sich neben dem individuellen Rechtsfrieden noch Hinweise auf das Gefühl der Rechtssicherheit, das durch die Drohung verletzt werde[56]. Allerdings wird auch die Rechtssicherheit in den meisten Fällen nur schlagwortartig dem Begriff des Rechtsfriedens an die Seite gestellt, so dass letzterer dadurch nicht an Substanz gewinnt[57]. Lediglich in zwei Arbeiten finden sich weiterführende, jedoch nicht übereinstimmende Ausführungen zur Bedeutung des subjektiven Rechtsfriedens, die nachfolgend dargestellt werden.

(3.111) Eser

Eser präzisiert den subjektiven Rechtsfrieden: „Als Gegenstück zu § 126, der dem *öffentlichen* Rechtsfrieden dient, ist **Schutzgut** des § 241 der **individuelle Rechtsfrieden**, indem das Vertrauen des einzelnen auf seine durch das Recht gewährleistete Sicherheit vor besonders gravierenden Bedrohungen geschützt werden soll“[58].

(3.112) Jakobs

Eine ausführlichere Erläuterung dessen, was unter dem Begriff „Rechtsfrieden“ zu verstehen sei und warum es sich dabei um das zu schützende Rechtsgut handele, liefert Jakobs.
Danach schützt § 241 StGB vor der Verwirklichung eines aus dem Unrecht des jeweils als bevorstehend angekündigten Delikts ableitbaren „Partialunrechts“[59]. Dieses Partialunrecht werde bei der Bedrohung als Verletzung des Rechtsfriedens definiert und bestünde darin, dass die Geltungsbedingungen der Norm, deren Bruch angekündigt wird, durch die Drohung beeinträchtigt werde[60]. Gel-

---

[55] Siehe beispielsweise: *Haft*, Strafrecht BT, S. 122: „abstraktes Gefährdungsdelikt gegen den individuellen Rechtsfrieden“; *Otto*, Grundkurs Strafrecht, § 36 Rn. 1: „persönlicher Rechtsfrieden des Einzelnen“; *Rengier*, Strafrecht BT II, § 27 Rn. 1: „individueller Rechtsfrieden“; *Schmidhäuser*, Strafrecht BT, 6/2: „Friede des Einzelnen“; *Schroth*, Strafrecht BT, 15.5: „Rechtsfrieden“ und „Erwartungssicherheit“.

[56] *Eser* in S/S, § 241 Rn. 2; *Horn* in SK, § 241 Rn. 2: „Gefühl der Rechtssicherheit“ ; *Schäfer* in LK, § 241 Rn. 2: „Gefühl der Rechtssicherheit“. Beachte aber, dass Schäfer erwähnt, dass § 241 StGB ein Delikt gegen das Vertrauen auf den Rechtsfrieden und damit mittelbar „auf“ die Handlungsfreiheit ist. § 241 StGB ist nach dieser Ansicht somit nicht als Delikt gegen die Handlungsfreiheit, sondern gegen das Vertrauen auf die Handlungsfreiheit und mithin als Delikt gegen den Rechtsfrieden aufzufassen.

[57] Siehe beispielsweise: *Horn* in SK, § 241 Rn. 2; *Schäfer* in LK, § 241 Rn. 2.

[58] *Eser* in S/S, § 241 Rn. 2.

[59] *Jakobs*, Strafrecht AT, 2. Abschn. Rn. 25c a.E.

[60] *Jakobs*, Kriminalisierung im Vorfeld einer Rechtsgutsverletzung, ZStW 97, 774 f.

tungsbedingung bedeute Erwartenssicherheit[61]. Dazu sei es erforderlich, dass die Norm dem potentiell Betroffenen ex ante als stabil erkennbar ist[62]. Normgeltung sei also nicht nur eine Beziehung zwischen Norm und potentiellen Tätern, sondern auch eine Beziehung zwischen Norm und potentiell Betroffenen[63]. Unter Rechtsfrieden sei somit die Erwartenssicherheit der faktischen Normgeltung zu verstehen[64].

Durch die Drohung werde der Bedrohte in eine Lage versetzt, in der er nicht mehr davon ausgehen könne, dass die Norm, deren Bruch angedroht worden ist, Geltung besitzt, dass die Norm befolgt werden wird[65]. Dadurch würden Erwartenssicherheit und Normvertrauen verletzt[66]. Im Falle der reinen, einfachen Drohung stelle diese Beeinträchtigung eine „Organisationsanmaßung" dar: aufgrund des wirklich bevorstehenden oder vorgetäuschten Delikts bleibe dem Opfer keine Möglichkeit, sich rational so zu orientieren, als werde es nicht vom Delikt betroffen werden[67].

(3.12) Der Rechtsfrieden im älteren Schrifttum (1896 – 1924)

Auch im älteren Schrifttum wird teilweise der Rechtsfrieden als Schutzgut des § 241 StGB angesehen. Auch wenn einige der angeführten Argumente aus heutiger Sicht unhaltbar sind, so lässt sich doch im weiteren Verlauf der Arbeit aus den folgenden Ausführungen die Erkenntnis ableiten, dass dem Rechtsfrieden eine eigenständige Bedeutung gegeben werden kann[68].

(3.121) Bayrhammer

(3.1211) Definition des Begriffs „Rechtsfrieden"

Als Rechtsfrieden lässt sich nach Bayrhammer das Interesse bezeichnen, dass das Vertrauen auf die schützende Macht der Rechtsordnung nicht erschüttert werde[69]. Dieses Vertrauen bestehe aus einem Rechtssicherheitsbewusstsein[70]. Darunter sei das Bewusstsein, in den eigenen Rechten und berechtigten Interes-

[61] *Jakobs*, Strafrecht AT, 2. Abschn. Rn. 25 c.
[62] *Jakobs*, Kriminalisierung im Vorfeld einer Rechtsgutsverletzung, ZStW 97, 775.
[63] *Jakobs* ebenda.
[64] *Jakobs*, Strafrecht AT, 2. Abschn. Rn. 25c.
[65] *Jakobs*, Strafrecht AT, 2. Abschn. Rn. 25c.
[66] *Jakobs* ebenda.
[67] *Jakobs* ebenda.
[68] Siehe unten C I 1 (5.13) und (5.14).
[69] *Bayrhammer*, Das Delikt der Bedrohung, S. 8.
[70] *Bayrhammer* ebenda.

sen ungestört und gesetzlich geschützt zu sein und dies auch zu bleiben, zu verstehen[71].

(3.1212) Schutzgut eines Bedrohungstatbestandes nach Bayrhammer

Die reine Bedrohung bezwecke die Beeinflussung dieses Rechtssicherheitsbewusstseins[72]. Weil die Absicht des Täters nur auf eine Beeinträchtigung des Rechtssicherheitsbewusstseins gerichtet sei, könne auch nur dieses Bewusstsein Gegenstand der Verletzung darstellen[73]. Die als ernst gemeint verstandene Drohung verwandle das Rechtssicherheitsbewusstsein in ein Bewusstsein davon, dass ein bestimmtes Übel in Aussicht gestellt ist, dass dieses Übel das Recht auf Schutz verletzen kann und dass der Schutz der Rechtsordnung nicht so weit reicht, um die Zufügung des Übels abzuwenden[74]. Das rechtlich geschützte Interesse daran, dass das Vertrauen auf die schützende Macht der Rechtsordnung nicht erschüttert werde, werde somit durch die reine Drohung verletzt[75].
Insofern das Bewusstsein Ausfluss des Gedankens und letzterer die Ursache des Willens sei, liege in der Einwirkung auf das Rechtssicherheitsbewusstsein auch eine solche auf den Willen und mithin die Willensfreiheit[76]. Die Annahme, dass die Willensfreiheit Schutzgut eines Bedrohungstatbestandes ist, lehnt Bayrhammer jedoch mit dem Argument ab, dass der Wille des Drohenden ausschließlich auf die Beeinträchtigung des Bewusstseins abziele[77]. Die Beeinträchtigung der Willensfreiheit sei als nicht beabsichtigte unwesentlich[78]. Die Beeinträchtigung der persönlichen Freiheit, beispielsweise in Form der Auswahl bestimmter, sicherer Aufenthaltsorte, sei weder notwendige noch regelmäßige, sondern nur mögliche Folge einer reinen Bedrohung[79]. Solch ein mittelbar und zufällig eintretender, gar nicht beabsichtigter Erfolg könne nicht als die maßgebende Folge einer reinen Drohung bezeichnet werden[80]. Selbst wenn man voraussetzte, dass die Beeinträchtigung der Rechtssicherheit die Beschränkung der persönlichen Freiheit zur Folge hat, sei doch die Bedrohung „zunächst und in erster Linie" gegen die Rechtssicherheit gerichtet[81].

---

[71] *Bayrhammer* ebenda. Bzgl. des Verhältnisses dieser Ansicht zu derjenigen Jakobs siehe unten C I 1 (5.12) und (5.13).
[72] *Bayrhammer*, Das Delikt der Bedrohung, S. 7, 8.
[73] *Bayrhammer*, Das Delikt der Bedrohung, S. 7.
[74] *Bayrhammer* ebenda.
[75] *Bayrhammer*, Das Delikt der Bedrohung, S. 8.
[76] *Bayrhammer*, Das Delikt der Bedrohung, S. 7.
[77] *Bayrhammer*, Das Delikt der Bedrohung, S. 11.
[78] *Bayrhammer*, Das Delikt der Bedrohung, S. 7.
[79] *Bayrhammer*, Das Delikt der Bedrohung, S. 12.
[80] *Bayrhammer* ebenda.
[81] *Bayrhammer*, Das Delikt der Bedrohung, S. 11.

Dass eine Drohung den Bedrohten auch in einen Zustand der Angst versetzen kann, erkennt Bayrhammer an; jedoch handele es sich auch hierbei nicht um eine notwendige, sondern lediglich um eine mögliche Folge der reinen Drohung, womit auch dieser Zustand als Schutzgut des Bedrohungstatbestandes ausfalle[82]. Bayrhammer macht somit den Willen des Drohenden zum bestimmenden Faktor. Das, was der Täter zu beeinträchtigen beabsichtigt, sei durch den Tatbestand geschützt. Bereits an dieser Stelle sei darauf hingewiesen, dass nicht der Wille des Täters darüber entscheiden kann, welches Rechtsgut durch eine Tat verletzt wird. Vielmehr ist es das in Erscheinung tretende Verhalten. So verletzt eine Ohrfeige auch dann die körperliche Integrität, wenn der Täter das Opfer nur beleidigen wollte.

(3.122) Goehrs

(3.1221) Definition des Begriffs „Rechtsfrieden"

Nach Goehrs bedeutet Rechtsfrieden, dass der Einzelne vor Angriffen auf den gesicherten Bestand und ungestörten Genuss der von der Rechtsordnung garantierten Güter und Zustände geschützt ist[83].

(3.1222) Schutzgut des § 241 StGB nach Goehrs

Ebenso wie Bayrhammer sieht Goehrs ausschließlich den Rechtsfrieden beziehungsweise das „subjektive Rechtsfriedensbewußtsein" als geschütztes Rechtsgut an[84]. Zu diesem Ergebnis kommt er jedoch nicht, weil die Absicht des Drohenden darauf gerichtet sei, den Rechtsfrieden zu verletzen, sondern weil die Verletzung des Rechtsfriedens „zuerst bewirkt wird"[85]. Diese Verletzung stelle nicht lediglich ein Durchgangsstadium zu einer weiteren Verletzung dar[86]. Der Rechtsfrieden sei das nächstliegende, unmittelbare und eigentliche Angriffsobjekt der Bedrohung[87]. Der Umstand, dass durch eine Drohung mittelbar auch die Willensfreiheit verletzt wird, sei daher irrelevant[88]. Er vergleicht diese Situation

---

[82] *Bayrhammer*, Das Delikt der Bedrohung, S. 13.

[83] *Goehrs*, Die Delikte der Androhung und der Bedrohung, S. 480: „Sodann bedeutet der Ausdruck ‚Frieden', im allgemeinen, weiter gehend auch das – subjektive – Gefühl eines – objektiven – Friedenszustandes; der Rechtsfrieden in diesem Sinne also entsprechend das Gefühl davon, daß man vor Angriffen auf den gesicherten Bestand und ungestörten Genuß der von der Rechtsordnung garantierten Güter und Zustände auch wirklich geschützt ist, das subjektive Empfinden vom objektiven Zustand des Rechtsfriedens."

[84] *Goehrs*, Die Delikte der Androhung und der Bedrohung, S. 485.

[85] *Goehrs*, Die Delikte der Androhung und der Bedrohung, S. 483.

[86] *Goehrs* ebenda.

[87] *Goehrs* ebenda.

[88] *Goehrs* ebenda.

mit derjenigen, die sich bei einer schweren Körperverletzung einstellt: Auch hier wird in der Folge die Freiheit der körperlichen Bewegung und mithin die Willensbetätigungsfreiheit beeinträchtigt, ohne dass man auf die Idee käme, die Willensfreiheit anstelle der körperlichen Unversehrtheit als Schutzgut auszugeben[89].

(3.13) Ergebnis

Der Begriff des Rechtsfriedens wird in der älteren Literatur von den Befürwortern einheitlich definiert; in der neueren Literatur weichen die Auffassungen hingegen voneinander ab. Die verschiedenen Ansichten werden im Rahmen der Stellungnahme (5.1) auf ihre Richtigkeit hin überprüft.

(3.2) Die Willensfreiheit

(3.21) Der Begriff „Willensfreiheit“

Im Gegensatz zum Rechtsfrieden ist das Verständnis von der Willensfreiheit einheitlich[90]. Sie lässt sich in die Freiheit der Willensentschließung und der Willensbetätigung bzw. –ausübung unterteilen[91]. Die erstgenannte kann entweder dadurch beeinträchtigt werden, dass die Fähigkeit, einen Willen zu bilden, aufgehoben wird, oder dadurch, dass ein bestimmter Entschluss erzwungen wird[92]. Die Willensausübungsfreiheit wird beeinträchtigt, wenn jemand gegen seinen Willen zu einem bestimmten Verhalten gezwungen wird[93].

(3.22) Die Willensfreiheit im neueren Schrifttum

Wie im Falle des Rechtsfriedens findet sich auch für die Annahme der Willensfreiheit als Schutzgut des § 241 StGB in fast allen Fällen nur die schlagwortar-

[89] *Goehrs* ebenda.
[90] Soweit in der älteren Literatur von persönlicher Freiheit und Handlungsfreiheit die Rede ist, wird darunter dasselbe wie unter der Willensfreiheit verstanden (vgl. *Kleineberg*, Die Drohung als Mittel zur Begehung strafbarer Handlungen, S. 10).
[91] Vgl. *Eser* in S/S, vor §§ 234 ff Rn. 2.
[92] *Eser* in S/S, vor §§ 234 ff Rn. 2.
[93] *Eser* ebenda.

tige Aufführung dieses Begriffes[94]. Lediglich Schroeder begründet seinen Standpunkt[95].

(3.221) Schroeder

Schroeder kann den subjektiven Rechtsfrieden nicht als Rechtsgut anerkennen[96]. Der Begriff „Rechtsfrieden" sei substanzlos[97]. Er bedeute schlicht und einfach, dass das Recht unverletzt bleibe, also befolgt werde[98]. Daher sei er nichts anderes als eine bloße Umformulierung der Tatsache, dass keine Straftaten drohen[99]. Die Präzisierung dieses Begriffs als das Vertrauen des Einzelnen auf seine durch das Recht gewährleistete Sicherheit, könne ebenfalls als Rechtsgut kaum ausreichen[100]. Das Vertrauen als solches würde im Strafrecht nirgends geschützt[101]. Des weiteren sei die Enttäuschung des Rechtssicherheitsvertrauens die Folge jeder Straftat und würde mit deren Bestrafung abgegolten[102]. Tatsächlich sei durch eine Bedrohung die Freiheit von Furcht beeinträchtigt[103]. Wollte § 241 StGB die Freiheit von Furcht schützen, stellte er sich jedoch als sehr lückenhafter Schutz dar; schwerwiegende Furchterregungen wie die Vorspiegelung schwerer Krankheit oder die Vortäuschung drohender Naturereignisse oder böser Geister bleiben unberücksichtigt[104].
Die Furcht, die durch die Drohung entstehe, löse allerdings aufgrund der Unberechenbarkeit des angedrohten Angriffs eine spezifische Vorsicht beim Opfer aus, die sich vor allem in Richtung auf das Verbleiben an sicheren Orten auswirke[105]. Wenn man daher darauf besteht, die Bedrohung „in das System des Rechtsgüterschutzes zu zwängen", dann käme als plausibelste Begründung nur die Gefährdung der Willensentschließungsfreiheit in Betracht[106].

---

94 *Blei*, Strafrecht BT, § 21 I: „Zweck der Vorschrift ist weiterhin Schutz der persönlichen Freiheit gegen Gefährdung durch Einschüchterung"; *Gössel*, Strafrecht BT I, § 20 A: „geschütztes Rechtsgut ist auch hier die individuelle Willensbildungs- und –betätigungsfreiheit"; *Welzel*, Das Deutsche Strafrecht, § 43 VI: „Strafgrund ist die (abstrakte) Gefährdung der Handlungsfreiheit".

95 *Schroeder*, Strafrecht BT I, § 16 Rn. 2.

96 *Schroeder*, Die Bedrohung mit Verbrechen, S. 671.

97 *Schroeder*, Die Bedrohung mit Verbrechen, S. 670.

98 *Schroeder*, Die Bedrohung mit Verbrechen, S. 670 f.

99 *Schroeder*, Die Bedrohung mit Verbrechen, S. 671.

100 *Schroeder* ebenda.

101 *Schroeder* ebenda.

102 *Schroeder* ebenda

103 *Schroeder* ebenda.

104 *Schroeder* ebenda.

105 *Schroeder* ebenda.

106 *Schroeder* ebenda.

(3.23) Die Willensfreiheit im älteren Schrifttum

(3.231) Hälschner

Eine positive Begründung dafür, dass die Willensfreiheit das geschützte Rechtsgut eines reinen, einfachen Bedrohungstatbestandes sei, findet sich bei Hälschner[107]. Dieser sieht zwar ebenfalls die unmittelbare Wirkung einer reinen Bedrohung im Hervorrufen von Befürchtungen und Besorgnissen[108]. Die Verursachung dieser Gefühle sei jedoch keine „strafbare Rechtsverletzung"[109]. Der Rechtsfrieden könne ebenfalls nicht als Schutzgut anerkannt werden, weil dessen Beeinträchtigung notwendig die Beeinträchtigung der persönlichen Freiheit zur Folge hätte[110]. Diese werde beeinträchtigt, weil der Bedrohte genötigt sei, mit der drohenden Gefahr zu rechnen und sein Verhalten darauf einzustellen[111]. Dies führe zu einer „Hemmung" der Freiheit seiner Bewegungen[112]. Dabei sei es unerheblich, ob der Bedrohte versucht, der Gefahr auszuweichen oder ihr in geeigneter Weise zu begegnen[113].

(3.232) Kleineberg

Ähnlich argumentiert Kleineberg[114]. Auch er geht davon aus, dass zunächst „Furcht, Besorgnis, Schreck oder dergleichen" beim Opfer erregt werden[115]. Die „naturgemäße" Reaktion bestehe in dem Willen, etwas zur Abwehr des Unheils zu unternehmen[116]. Der Bedrohte sei gezwungen auf die Drohung Rücksicht zu nehmen, was zu einer Beeinträchtigung seiner Freiheit des Denkens und Handelns führe[117]. Bei jeder Willensentschließung werde er vor die Frage gestellt, ob ihre Ausführung dem Eintritt des angedrohten Übels nicht günstig sein könne[118]. Damit sei notwendige Folge einer reinen, einfachen Drohung die Verletzung der persönlichen Freiheit, genauer gesagt: der Willensentschließungsfreiheit[119]. Und weil es sich bei dieser Verletzung um die notwendige Folge

---

[107] *Hälschner*, Das gemeine deutsche Strafrecht, § 39.
[108] *Hälschner* ebenda.
[109] *Hälschner* ebenda.
[110] *Hälschner*, Das gemeine deutsche Strafrecht, § 39 Fn. 5.
[111] *Hälschner*, Das gemeine deutsche Strafrecht, § 39.
[112] *Hälschner* ebenda.
[113] *Hälschner*, Das gemeine deutsche Strafrecht, § 39 Fn. 5.
[114] *Kleineberg*, Die Drohung als Mittel zur Begehung strafbarer Handlungen, S. 9.
[115] *Kleineberg* ebenda.
[116] *Kleineberg* ebenda.
[117] *Kleineberg* ebenda.
[118] *Kleineberg* ebenda.
[119] *Kleineberg*, Die Drohung als Mittel zur Begehung strafbarer Handlungen, S. 9, 16.

handele, sei die verletzte Willensentschließungsfreiheit das geschützte Rechtsgut[120].
Die Rechtssicherheit hingegen könne nicht das Schutzgut sein[121]. Unter Rechtssicherheit werde das Vertrauen des einzelnen auf die schützende Macht der Rechtsordnung verstanden[122]. Dieses Vertrauen könne aber überhaupt nicht verletzt werden, weil der Bedrohte trotz Drohung nicht davon ausgehen könne, dass der Rechtsordnung überhaupt nicht mehr zu trauen ist[123]. Selbst wenn dem doch so wäre, könne die Rechtssicherheit nicht Schutzgut sein, weil ein Bewusstsein nicht als Rechtsgut anerkannt werden könne: „Wohl habe ich ein Recht auf Schutz, aber ich habe kein Recht, mir des Schutzes bewußt zu sein."[124]

(3.233) Hug von Schlieren

Der Schweizer Hug von Schlieren beschäftigte sich ebenfalls mit der Frage nach dem Schutzgut eines reinen, einfachen Bedrohungstatbestandes[125]. Daher können seine Aussagen hier verwendet werden, auch wenn sie sich nicht unmittelbar auf § 241 StGB beziehen, zumal die Literatur, mit der er sich auseinandersetzte und deren Argumente er übernahm, aus dem deutschen Rechtskreis stammt.
Auch er will, von Kleineberg angeregt, nachweisen, dass ein Vertrauen auf die schützende Macht der Rechtsordnung nicht verletzt werden und mithin der Rechtsfrieden nicht das Schutzgut darstellen könne[126]. Ein solches Vertrauen könne nur absolut oder relativ verstanden werden[127]. Ein absolutes Verständnis gehe davon aus, dass die Rechtsordnung überhaupt unangreifbar ist[128]. Solch ein Vertrauen könne es jedoch angesichts der Tatsache, dass Straftaten begangen werden, nicht geben[129]. Nach dem relativen Vertrauensbegriff vertraue der Einzelne darauf, dass die Rechtsordnung trotz einzelner Verstöße weiterhin Geltung beanspruche[130]. Dieses Vertrauen könne aber durch die Drohung nicht gestört werden[131].

[120] *Kleineberg*, Die Drohung als Mittel zur Begehung strafbarer Handlungen, S. 9.
[121] *Kleineberg* ebenda.
[122] *Kleineberg* ebenda.
[123] *Kleineberg* ebenda.
[124] *Kleineberg* ebenda.
[125] *Hug von Schlieren*, Die Drohung im Strafrecht, S. 25 ff.
[126] *Hug von Schlieren*, Die Drohung im Strafrecht, S. 25.
[127] *Hug von Schlieren* ebenda.
[128] *Hug von Schlieren* ebenda.
[129] *Hug von Schlieren* ebenda.
[130] *Hug von Schlieren* ebenda.
[131] *Hug von Schlieren* ebenda.

Ganz abgesehen davon könne ein Rechtssicherheitsbewusstsein nicht das geschützte Rechtsgut sein, da notwendige Folge von dessen Verletzung diejenige der persönlichen Freiheit wäre[132]. Der Bedrohte sei nämlich gezwungen, mit der ihm drohenden Gefahr zu rechnen[133]. Damit folgt er der Argumentation und Begründung Hälschners[134].

(3.3) Vermittelnde Ansichten des neueren Schrifttums

Eine andere Ansicht sieht das geschützte Rechtsgut sowohl in dem Rechtsfrieden als auch in der Willensfreiheit[135]. Unverständlich ist der Kommentar von Tröndle zu diesem Punkt. Rechtsgut ist nach ihm „in erster Linie" der Rechtsfrieden des Einzelnen im Sinne des individuellen Rechtssicherheitsvertrauens, „denn § 241 schützt schon die abstrakt gefährdete Handlungsfreiheit des einzelnen"[136]. Das Wort „denn" lässt eigentlich keinen anderen Schluss zu, als dass der Schutz der abstrakt gefährdeten Handlungsfreiheit der Grund für den Schutz des Rechtsfriedens sein soll. Für diese Ansicht fehlt eine nachvollziehbare Begründung. Wahrscheinlich aber möchte Tröndle gar nicht die Annahme eines Schutzgutes mit der Annahme eines anderen begründen, sondern vielmehr beide Interessen als Schutzgüter anbieten, wobei der Rechtsfrieden in erster Linie geschützt sein soll. In diesem Sinne verstehen ihn auch die anderen Vertreter dieser Ansicht, die allesamt auf Tröndle verweisen. So sieht Joecks[137] „vor allem" das Vertrauen des Einzelnen auf seinen Rechtsfrieden geschützt. Im nächsten Satz schreibt er: „Geschützt wird schon die abstrakt gefährdete Handlungsfreiheit des einzelnen". Das Bundesverfassungsgericht führt als Schutzgut der Vorschrift unter Bezugnahme auf Tröndle den Rechtsfrieden des Einzelnen, aber auch seine durch die Bedrohung gefährdete Handlungsfreiheit an[138]. Spendel merkt an, dass beide Gesichtspunkte – der Rechtsfrieden und die Handlungsfreiheit – etwas für sich hätten[139]. So werde sich ein Richter, der von einem rachsüchtigen Verbrecher in der Gerichtsverhandlung mit dem Tode bedroht wird, falls oder sobald dieser aus der Haft entlassen wird, „aufs höchste beunruhigt fühlen"[140]. Damit sei der Richter nicht nur in seiner Sicherheit beeinträchtigt,

---

[132] *Hug von Schlieren*, Die Drohung im Strafrecht, S. 26.
[133] *Hug von Schlieren*, Die Drohung im Strafrecht, S. 27.
[134] *Hug von Schlieren*, Die Drohung im Strafrecht, S. 26, 27.
[135] *Joecks*, Strafgesetzbuch, § 241 Rn. 1; *Spendel*, Zum Problem der Bedrohung, S. 207; *Tröndle* in Tröndle / Fischer, § 241 Rn. 2.
[136] *Tröndle* in Tröndle / Fischer, § 241 Rn. 2.
[137] *Joecks*, Strafgesetzbuch, § 241 Rn. 1.
[138] BVerfG in NJW 1995, 2776 (2777).
[139] *Spendel*, Zum Problem der Bedrohung, S. 207.
[140] *Spendel* ebenda.

sondern auch in der Freiheit seiner Entschließungen und Handlungen behindert[141].

(3.4) Dritte Ansicht des älteren Schrifttums?

Vielfach wird Binding als Vertreter einer Auffassung dargestellt, nach der die reine, einfache Bedrohung kein Rechtsgut verletzen könne[142]. Allerdings halte er die reine Drohung für typischerweise gefährlich und wolle daher diese Verhaltensweise unabhängig davon verbieten, ob sie im Einzelfall gefährlich ist oder nicht[143]. Die reine Drohung stelle daher nach seiner, als überholt zu bezeichnenden Meinung ein Gefährdungs- bzw. Polizeidelikt ohne besonderes Angriffsziel dar[144].
Diese Ausführungen übersehen jedoch, dass sich Binding nicht allgemein zu der Natur eines reinen Bedrohungstatbestandes und des von ihm geschützten Rechtsguts äußert. Vielmehr befasst er sich lediglich mit der konkreten Ausgestaltung der reinen Drohung durch § 241 RStGB. Nur die reine Drohung in der durch § 241 RStGB gegebenen Gestalt könne keine Rechtsgutsverletzung darstellen. Wenn er sagt, dass die Bedrohung durchaus nicht nur für den Fall ihrer Gefährlichkeit untersagt ist, sondern, weil sie leicht gefährlich werden kann, auch für den Fall ihrer Ungefährlichkeit, so bezieht sich diese Äußerung nur auf die Bedrohung „nach § 241", wie auch die anschließende Schlussfolgerung zeigt: „Die Bedrohung ist nach deutschem Strafgesetzbuche einfaches Polizeidelikt."[145]. Binding stellt daher nur fest, dass die Bedrohung als abstraktes Gefährdungsdelikt ausgestaltet ist und deswegen die Tatbestandserfüllung keine Rechtsgutsverletzung voraussetzt. Er sagt jedoch nicht, dass eine Rechtsgutsverletzung durch eine reine Drohung nicht möglich wäre. Vielmehr wirft er den Gedanken auf, ob eine reine Drohung ein Verletzungsdelikt wegen des Versuches „der Furchterweckung" sein könne[146]. Diesen Gedanken verwirft er jedoch aus zwei Gründen: Erstens sei es bedenklich, das Empfindungsleben des Menschen als solches als Rechtsgut anzuerkennen, und zweitens scheitere diese An-

---

[141] *Spendel* ebenda.
[142] *Bayrhammer*, Das Delikt der Bedrohung, S. 13; *Hug von Schlieren*, Die Drohung im Strafrecht, S. 26; *Schäfer* in LK, § 241 Rn. 2 a.E.
[143] *Hug von Schlieren*, Die Drohung im Strafrecht, S. 26.
[144] So *Bayrhammer*, Das Delikt der Bedrohung, S. 13; *Hug von Schlieren*, Die Drohung im Strafrecht, S. 26; *Schäfer* in LK, § 241 Rn. 2 a.E.
[145] *Binding*, Die Normen und ihre Übertretung, S. 532. Die Bezeichnung „Polizeidelikt" ist nur eine andere Bezeichnung für abstrakte Gefährdungsdelikte. Sie kommt daher, dass die abstrakten Gefährdungsdelikte vor ihrer „Aufwertung" zu Kriminaldelikten im Polizeistrafrecht geregelt waren (*Jakobs*, Das Strafrecht zwischen Funktionalismus und Prinzipiendenken, ZStW 107, S. 856).
[146] *Binding*, Die Normen und ihre Übertretung, S. 533 Fn. 766.

nahme an der Ausgestaltung der Drohung durch § 241 RStGB[147]. An anderer Stelle sagt er, dass der Gesetzgeber die Bedrohung wegen Verletzung der Willensfreiheit oder des Rechtsfriedens, „sofern sie eine jener Wirkungen geübt oder zu üben versucht hätte, oder Gefahr für die Freiheit oder für den Glauben an die Rechtssicherheit in sich trüge, als vollendetes oder versuchtes Verletzungs- oder Gefährdungsverbrechen gegen Freiheit oder Rechtsfrieden unter Strafe ziehen [könnte]“[148]. Da diese Wirkungen jedoch nicht in den Tatbestand aufgenommen worden seien, könne § 241 RStGB nur als Polizeidelikt bezeichnet werden[149].

Binding äußert sich somit nur ansatzweise zu dem durch einen reinen Bedrohungstatbestand geschützten Rechtsgut und gibt hauptsächlich Auskunft über die konkrete Ausgestaltung der reinen Drohung durch § 241 RStGB. Da er zu dem Ergebnis kommt, dass es sich nach seiner konkreten Ausgestaltung um ein abstraktes Gefährdungsdelikt handelt und eine Rechtsgutsverletzung somit nicht erforderlich ist, geht er der Frage nach dem geschützten Rechtsgut nicht weiter nach: „Ob man dann als das regelmäßig gefährdete Objekt im Anschluß an die nicht bindende dogmatische Auffassung des Gesetzbuches die Freiheit bezeichnen will oder lieber den Rechtsfrieden, ist m.E. Geschmacksache.“[150]

Bindings Aussagen stellen somit keine „dritte“ Auffassung des älteren Schrifttums dar. Die Ausführungen des Schrifttums, Binding sehe in „der reinen Bedrohung“ keine strafbare Rechtsverletzung[151], sind somit zumindest missverständlich.

(3.5) Ergebnis

Die Strafrechtswissenschaft bietet als Schutzgut des § 241 StGB nur zwei Rechtsgüter an: den Rechtsfrieden und die Willensfreiheit, wobei Verständnis und Begründung des Rechtsfriedens unterschiedlich sind. Die Versetzung des Opfers in Furcht ist zwar in den meisten Fällen gesehen, der Schutz vor solch einer Versetzung jedoch nicht als Schutzgut bezeichnet worden. Wie naheliegend dies jedoch ist, zeigt die anschließende Rechtsvergleichung.

---

[147] *Binding* ebenda.

[148] *Binding*, Lehrbuch des Gemeinen Deutschen Strafrechts, S. 102.

[149] *Binding*, Lehrbuch des Gemeinen Deutschen Strafrechts, S. 102 f.

[150] *Binding*, Lehrbuch des Gemeinen Deutschen Strafrechts, S. 103.

[151] Vgl. *Bayrhammer*, Das Delikt der Bedrohung, S. 13; *Hug von Schlieren*, Die Drohung im Strafrecht, S. 26; *Kleineberg*, Die Drohung als Mittel zur Begehung strafbarer Handlungen, S. 7.

(4) Rechtsvergleichung

(4.1) Regelungen des amerikanischen Rechts

(4.11) Einführung in das „case law"

Im Gegensatz zum kontinental-europäischen Recht wird das anglo-amerikanische Recht vom „case law" bestimmt. Dieses aus „common law" und „equity" bestehende Richterrecht wendet nach Analyse der in den Präjudizien gefundenen Rechtsregeln dieselben auf neue Fälle an[152]. Das Gesetzesrecht dient nur der Ergänzung und Berichtigung des „case law" und ist somit im Grundsatz eine Quelle des Rechts zweiter Klasse[153].

(4.12) Die reine Drohung im „common law" und in der Gesetzgebung bis in die sechziger Jahre

Das „common law" erfasst die reine Bedrohung nicht[154]. Es richtet sein Augenmerk nur auf solche Drohungen, die Mittel zu (qualifizierten) Nötigungen sind[155]. So kennt das „common law" die Straftaten „rape" (Vergewaltigung) und „robbery" (Raub), die als Nötigungsmittel auch die Drohung mit Gewalt vorsehen. Weitere Straftaten wie „extortion" und „blackmail" (Erpressungstatbestände) weiten die Strafbarkeit von Drohungen aus, jedoch sind die Drohungen auch hier immer nur das Mittel zu einer qualifizierten Nötigung. Einzelne Staaten erließen zwar Gesetze, um weitere Fälle von Drohungen strafrechtlich erfassen zu können, aber es blieb weiterhin bei der Erfassung der Drohung als Nötigungsmittel; die Fälle der reinen Drohung, die nur den Zweck verfolgt, den anderen in Angst und Schrecken zu versetzen, wurden nicht geregelt[156]. Es waren zuerst die Gerichte, die an die reine Drohung strafrechtliche Konsequenzen knüpften, indem sie reine Drohungen, die nicht lediglich mündlich, sondern durch den Einsatz von Gegenständen oder des Körpers erfolgten, unter die Straftat „Assault" (tätliche Angriffe und Gewalttätigkeiten) subsumierten[157]. Der klassische Fall dieser sogenannten „physical menaces" ist das Zielen auf einen anderen Menschen mit einer Schusswaffe[158]. Einige Gesetzgeber folgten diesem

---

[152] *Blumenwitz*, Einführung in das anglo-amerikanische Recht, S. 7 ff, 25 ff.
[153] *Blumenwitz*, Einführung in das anglo-amerikanische Recht, S. 45 f.
[154] *Ludington*, Validity and construction of terroristic threat statutes, 45 ALR4th 949 (963).
[155] *American Law Institute*, Model penal code and commentaries, § 211.3, comment 1.
[156] *American Law Institute*, Model penal code and commentaries, § 211.3, comment 1.
[157] *American Law Institute* ebenda. Auch die neueren Regelungen der reinen Drohung finden sich zumeist in dem Abschnitt, der mit „Assault" überschrieben ist; die Beschränkung auf physische Drohungen und unmittelbar bevorstehende Verletzungen sind jedoch nicht mehr enthalten.
[158] *McKinney's* Consolidated Laws of New York Annotated, § 120.15, practice commentary.

Beispiel und erließen Gesetze, um die „physical menaces“ bzw. „physical threats“ zu erfassen. So finden sich auch heute noch im „Penal Law“ des Staates New York im Abschnitt „Assault and related offenses“ Vorschriften, die zwar „physical menaces“ unter Strafe stellen, rein mündliche Drohungen hingegen nicht[159]. Teilweise wurden briefliche Drohungen erfasst[160], teilweise fernmündliche[161]. Ansonsten fanden mündliche Drohungen nur dann strafrechtliche Beachtung, wenn sie gegenüber bestimmten Personen, wie dem Präsidenten, ausgesprochen wurden[162].

(4.13) „terroristic threat statutes“

Erst im Jahre 1962 erfasste ein Paragraph jede Form der reinen Drohung, um die Lücke, die das „common law“ und die bisherigen „statutes“ offen ließen, zu schließen[163]. Dieser Paragraph war Teil eines offiziellen Gesetzesvorschlags des „American Law Institutes“. In dessen „Model Penal Code“ ist im § 211.3 die reine Drohung erstmals umfassend geregelt. § 211.3 stellt die Drohung mit „crime of violence“ unter Strafe, wenn sie mit der Absicht[164] erfolgt, einen ande-

---

159 New York Penal Law, §§ 120.13, 120.14, 120.15. § 120.15 lautet: „A person is guilty of menacing in the third degree when, by physical menace, he or she intentionally places or attempts to place another person in fear of death, imminent serious physical injury or physical injury.“

160 *American Law Institute*, Model penal code and commentaries, § 211.3, comment 1.Vgl. auch Virginia, § 18.2-60, A.: „If any person write or compose and also send or procure the sending of any letter, inscribed communication or electronically transmitted communication producing a visual or electronic message, so written or composed, whether such letter or communication be signed or anonymous, to any person, containing a threat to kill or do bodily injury to the person to whom such letter or communication is sent, or a threat to kill or do bodily injury to any member of his or her family, the person so writing or composing and sending or procuring the sending of such letter or communication shall be guilty of a Class 6 felony and may be prosecuted either in the county, city or town in which the letter or inscribed communication is composed, written, sent or procured to be sent or in the county, city or town in which the letter or inscribed communication is received.“

161 *American Law Institute*, Model penal code and commentaries, § 211.3, comment 1.

162 18 U.S.C. § 871.Vgl. auch Virginia, § 18.2-60, B.: „If any person orally makes a threat to any employee of any elementary, middle or secondary school, while on a school bus, on school property or at a school-sponsored activity, to kill or to do bodily injury to such person, he shall be guilty of a Class 1 misdemeanor.“

163 Die Lücke ergab sich neben den beschriebenen Formerfordernissen auch daraus, dass das Übel der Drohungen, die den „Assaults“ zugeordnet werden konnten, unmittelbar bevorstehen musste; vgl. *Newell / Stafford*, Arkansas Criminal Code Annotated, 5-13-301, original commentary: „...the section is designed to reach efforts to terrorize another by conduct not punishable as assaultive because apprehension of imminent injury is not required.“

164 „purpose“. Aus Model Penal Code Sec. 1.13. (11), Sec. 2.02.(2) ergibt sich, dass es sich um Absicht im Sinne des dolus directus 1. Grades handelt. Sec. 1.13 (11): „ ‚purposely‘ has the meaning specified in Section 2.02 and equivalent terms such as ‚with purpose,‘ ‚designed‘

ren Menschen in Angst und Schrecken zu versetzen oder die Evakuierung eines Gebäudes, eines Versammlungsortes oder Anlagen öffentlicher Beförderungsmittel zu veranlassen oder sonst ernsthafte allgemeine Störungen zu verursachen[165]. Dieser Paragraph wurde als „Terroristic Threats" bezeichnet und zielt auf die Erfassung solcher Drohungen ab, die die individuelle Sicherheit oder die öffentliche Ordnung ernstlich beeinträchtigen[166].
Dem Vorbild des § 211.3 Model Penal Code sind viele Staaten gefolgt[167]. Vielfach wurde die Straftat als „terroristic threats"[168] oder „terroristic threatening"[169] bezeichnet. Dabei darf die Bezeichnung der Drohung als „terroristic" nicht in die Irre leiten. Es handelt sich hierbei nicht um eine Bezugnahme auf politisch motivierte Gewalt. „Terror" im Sinne dieser Vorschriften ist als ein Zustand extremer Angst zu verstehen[170]. „Terrorize" bedeutet daher, jemanden mittels Gewalt oder Drohung in einen Zustand extremer Angst zu versetzen[171]. Die Bezeichnung einer Drohung als „terroristic" dient somit der Hervorhebung des Schreckens bzw. des Angstzustandes, in den das Opfer nach dem Vorsatz des Täters versetzt werden soll. Dementsprechend sollen diese Regelungen das Opfer vor psychischer Qual schützen[172]. Diese Qual stelle sich als Folge der Verletzung des Sicherheitsgefühls dar[173]. Die Regelungen sollen daher auch nur solche Drohungen erfassen, die die persönliche Sicherheit bzw. das Gefühl von

---

or ‚with design' have the same meaning". Sec. 2.02 (2) (a): „A person acts purposely with respect to a material element of an offense when: (i) if the element involves the nature of his conduct or a result thereof, it is his conscious object to engage in conduct of that nature or to cause such a result; ..."

165 *American Law Institute*, Model Penal Code, § 211.3: „A person is guilty of a felony of the third degree if he threatens to commit any crime of violence with purpose to terrorize another or to cause evacuation of a building, place of assembly, or facility of public transportation, or otherwise to cause serious public inconvenience, or in reckless disregard of the risk of causing such terror or inconvenience."

166 *American Law Institute*, Model Penal Code and commentaries, § 211.3 comment 1.

167 Siehe beispielsweise: Alaska, AS 11.41.220; Arizona, 13-1202; Arkansas, 5-13-301; Connecticut, Sec. 53a-62; Delaware, § 621; Georgia, 16-11-37; Hawaii, § 707-715; Kansas, 21-3419; Nebraska, 8.311.01.; New Hampshire, § 631:4; Pennsylvania, § 2706; Texas, Sec. 22.07.

168 Georgia, 16-11-37; Nebraska, 8.311.01; Pennsylvania, § 2706; Texas, Sec. 22.07.

169 Arkansas, 5-13-301; Delaware, § 621; Hawaii, § 707-715.

170 *State v Gunzelman* (1972) 210 Kann 481, 502 P2d 705: „...an extreme fear or fear that agitates body and mind."

171 *State v Gunzelman* (1972) 210 Kann 481, 502 P2d 705: „...to reduce to terror by violence or threats".

172 *Commonwealth v Speller* (1983) 311 Pa Super 569, 458 A2d 198.

173 *Commonwealth v Speller* (1983) 311 Pa Super 569, 458 A2d 198: „The harm sought to be prevented is the psychological distress which follows from an invasion of another's sense of personal security."

persönlicher Sicherheit[174] ernstlich beeinträchtigen können[175]. Die psychologische Verzweiflung und Panik, die durch die Beeinträchtigung der persönlichen Sicherheit ausgelöst werden, können das Opfer nach Ansicht der Gesetzgeber dazu veranlassen, seinen Lebensstil zu verändern, um der angekündigten Gefahr zu entgehen[176].

(4.14) Ergebnis

Der Vergleich zeigt, dass die erst kürzlich geschaffenen „terroristic threat statutes“ eine Beeinträchtigung des Sicherheitsgefühls, gefolgt von einem Zustand psychischer Qual und einer Veränderung der Verhaltensweisen als typische Reaktionen des Opfers angenommen haben. Gleichwohl stand es außer Frage, dass die Folge, die es in erster Linie zu verhindern gilt, der Zustand psychischer Qual ist. Der Zweck der Vorschrift wird bereits durch die Bezeichnung der Straftaten als „terroristic threats“ klargestellt.

(4.2) Regelung des österreichischen Rechts

Die Ansicht, dass ein reiner Bedrohungstatbestand die Versetzung des Opfers in einen Zustand extremer Angst verhindern soll, findet sich auch im österreichischen Recht. In Österreich ist bereits im Strafgesetz für das Kaisertum Österreich vom 27. Mai 1852 für das Vorliegen einer strafbaren reinen Drohung die Absicht verlangt worden, „einzelne Personen, Gemeinden oder Bezirke in Furcht und Unruhe zu versetzen“[177]. Der § 107 I des österreichischen Strafgesetzbuches verlangt auch heute noch diese Absicht:

> § 107. (1) Wer einen anderen gefährlich bedroht, um ihn in Furcht und Unruhe zu versetzen, ist mit Freiheitsstrafe bis zu einem Jahr zu bestrafen.

Als geschütztes Rechtsgut wird dementsprechend das Freisein des Einzelnen von Furcht und Unruhe angegeben[178]. Unter Furcht und Unruhe ist ein heftiger, das ganze Gemüt ergreifender bzw. die Gedanken des Opfers beherrschender peinvoller und nachhaltiger Seelen- oder Angstzustand zu verstehen[179]. Die Parallele zu den amerikanischen Regelungen ist offensichtlich.

---

[174] *American Law Institute*, Model Penal Code and Commentaries, § 211.3, comment 2: „sense of personal security“.
[175] *American Law Institute*, Model Penal Code and Commentaries, § 211.3, comment 1.
[176] *American Law Institute*, Model Penal Code and Commentaries, § 211.3, comment 2.
[177] Siehe Anhang I 3 (9).
[178] *Kienapfel*, Grundriß des österreichischen Strafrechts, § 107 Rn. 3.
[179] *Bertel / Schwaighofer*, Österreichisches Strafrecht, § 107 Rn. 8; *Kienapfel*, Grundriß des österreichischen Strafrechts, § 107 Rn. 9.

(4.3) Ergebnis

Der Schutz des Opfers vor Versetzung in Furcht kommt somit neben der Willensfreiheit und dem Rechtsfrieden als geschütztes Rechtsgut in Betracht. Um den Zustand psychischer Qual anschaulich zu machen, soll folgende Formulierung verwandt werden: das Freisein von Angst und Schrecken. Als Präzisierung lässt sich diejenige des österreichischen Rechts heranziehen. Danach ist unter dem Freisein von Angst und Schrecken das Freisein von einem heftigen, das ganze Gemüt ergreifenden peinvollen Seelenzustand zu verstehen.

(5) Stellungnahme

(5.1) Der Rechtsfrieden

Während die Darstellung des Meinungsstreites und der Vergleich mit den amerikanischen und österreichischen Regelungen zu einem eindeutigen Verständnis der Begriffe „Willensfreiheit" und „Freisein von Angst und Schrecken" geführt haben, werfen die verschiedenen Definitionen des Begriffs „Rechtsfrieden" Fragen auf. Nachfolgend sollen daher zunächst die unterschiedlichen Auffassungen auf ihre Haltbarkeit hin überprüft werden. Das Ergebnis führt zu einer Definition, die dem Begriff „Rechtsfrieden" Substanz und eine eigenständige Bedeutung verleiht. Anschließend kann die Frage beantwortet werden, vor welcher Beeinträchtigung ein Bedrohungstatbestand schützen soll.

(5.11) Rechtsfrieden im Sinne Esers

Nach Eser ist der Rechtsfrieden deswegen Schutzgut des § 241 StGB, weil das Vertrauen des einzelnen auf seine durch das Recht gewährleistete Sicherheit vor besonders gravierenden Bedrohungen geschützt werden solle[180]. Wenn man aus dieser Definition das schmückende Beiwerk weglässt, lautet die Erklärung folgendermaßen: Schutzgut eines Bedrohungstatbestandes sei der Rechtsfrieden, indem das Vertrauen des einzelnen auf seine Sicherheit vor Bedrohungen geschützt wird. Mit anderen Worten: Der Bedrohungstatbestand dient dem Schutz des Vertrauens, nicht bedroht zu werden. Noch etwas anders formuliert: Bedrohungen werden verboten, damit man darauf vertrauen kann, nicht bedroht zu werden. Warum man darauf vertrauen können soll, nicht bedroht zu werden, welches Rechtsgut durch eine Bedrohung verletzt werden könnte, bleibt bei dieser „Definition" völlig offen. Hier erscheint Schroeders Kritik berechtigt: Bei solch einer Umschreibung bleibt der Begriff „Rechtsfrieden" substanzlos[181].

---

[180] *Eser* in S/S, § 241 Rn. 2.
[181] *Schroeder*, Die Bedrohung mit Verbrechen, S. 670.

(5.12) Rechtsfrieden im Sinne Jakobs

Jakobs nimmt ebenfalls an, dass der Rechtsfrieden das durch § 241 StGB geschützte Rechtsgut sei[182]. Darunter versteht er die Erwartenssicherheit der faktischen Normgeltung[183]. Diese Erwartenssicherheit werde durch eine reine Bedrohung verletzt, da der Bedrohte nicht mehr davon ausgehen könne, dass die Norm, deren Bruch angedroht worden ist, Geltung beanspruche[184]. In der Garantie der Normgeltung sieht er den Beitrag des Strafrechts[185]. Diese geht dahin, dass die Erwartungen, die zum sozialen Leben unabdingbar seien, im Falle ihrer Enttäuschung nicht preisgegeben werden müssen[186].

Jakobs ist darin zuzustimmen, dass das Strafrecht dazu dient, die Geltung der Normen zu garantieren. Damit wird lediglich die generalpräventive Aufgabe des Strafrechts in seiner positiven Gestalt beschrieben[187]. Danach dient das Strafrecht dem Erhalt bzw. der Wiederherstellung von Normgeltung[188]. Der Normbruch widerspricht den Verhaltensanforderungen; die Strafe stellt klar, daß die Norm weiterhin allgemeine Geltung beansprucht und ist insofern der Widerspruch des Widerspruchs.
Die faktische Normgeltung kann jedoch durch eine reine Drohung nicht verletzt werden, weil die Norm trotz der Drohung weiterhin gilt. Sie wird durch die bloße Androhung nicht verletzt, da der Täter noch nicht über das Stadium der grundsätzlich straflosen Vorbereitung hinausgekommen ist. Die Garantie des Strafrechts geht nach wie vor dahin, dass im Falle des Normbruchs die Geltung durch Bestrafung wiederhergestellt wird. Diese Garantie wird zu keinem Zeitpunkt preisgegeben. Sollte der Normbruch dann tatsächlich erfolgen, die Drohung also wahr gemacht werden, wird das Strafrecht die Geltung der Norm durch Ahndung wiederherstellen.
Was nicht berücksichtigt wird, ist der Umstand, dass diese Garantie dem Opfer der Straftat nicht mehr viel nützt. Aber das ist immer so. Der Unterschied zu den nicht angekündigten Normbrüchen ist der, dass das Opfer dort vorher nicht wusste, dass es Opfer einer Straftat werden würde. Bei der Drohung sieht das Opfer das Unglück auf sich zukommen. Jakobs Beschreibung der Bedrohungssituation berücksichtigt nicht, dass der Normbruch zu Lasten des Bedrohten gehen würde. Der Bedrohte glaubt gar nicht, dass die Geltung der Norm nicht

---

182 *Jakobs*, Kriminalisierung im Vorfeld einer Rechtsgutsverletzung, ZStW, 97, 774.
183 *Jakobs*, Strafrecht AT, 2. Abschn. Rn. 25c.
184 *Jakobs*, Strafrecht AT, 2. Abschn. Rn. 25c a.E.
185 *Jakobs*, Strafrecht AT, 2. Abschn. Rn. 2.
186 *Jakobs* ebenda.
187 Vgl. *Roxin*, Strafrecht AT, § 3 Rn. 21 ff.
188 Vgl. *Roxin* ebenda.

durch Strafe wiederhergestellt wird oder dass die Norm nicht hin und wieder mal gebrochen wird[189], sondern er sieht es nur kommen, dass die Wiederherstellung der Geltung ihm im Hinblick auf seine konkret gefährdeten Rechtsgüter nichts mehr nützen wird. Auf die Garantie des Strafrechts, die Normgeltung wiederherzustellen, sobald ein Normbruch erfolgt, kann das Opfer weiterhin vertrauen, nicht aber auf seine Sicherheit. Indem der Bedrohte nicht mehr darauf vertrauen kann, dass ein Normbruch zu seinen Lasten nicht erfolgen wird, ist sein Vertrauen in seine Rechtssicherheit verletzt, bevor es zu einem Bruch der Norm gekommen ist. Die Ansicht Jakobs bringt positive Generalprävention und Spezialprävention durcheinander. Das Strafrecht ist im Zeitraum zwischen Drohung und Beginn strafbarer Vorbereitung möglicherweise hilflos im Hinblick auf das verletzte Rechtssicherheitsvertrauen, nicht aber im Hinblick auf die Geltung der Norm. Seine Garantie, faktische Normgeltung bzw. das Vertrauen auf diese Geltung, kann durch eine reine, einfache Drohung mithin nicht verletzt werden. Verletzt wird das Vertrauen des Einzelnen darauf, dass *seine* Rechtsgüter nicht verletzt werden, dass *er* nicht Opfer einer Straftat wird. Dass die Norm wegen der ihm drohenden Tat nicht mehr Geltung beanspruchen könne, kann er vernünftigerweise nicht annehmen. Schutzgut des § 241 StGB kann das Vertrauen auf diese Normgeltung und mithin ein derart verstandener Rechtsfrieden folglich nicht sein.

(5.13) Rechtsfrieden im Sinne der älteren Literatur

Nach Bayrhammer ist Gegenstand des Rechtsfriedens das Vertrauen darauf, dass man in den eigenen Rechten und berechtigten Interessen ungestört und gesetzlich genügend geschützt ist und dies auch bleibt[190]. Wenn daher hier von dem Vertrauen auf die schützende Macht der Rechtsordnung gesprochen wird, dann ist darunter nicht das Vertrauen auf die Funktionsfähigkeit der Rechtsordnung an sich gemeint, sondern das Vertrauen, dass diese grundsätzlich funktionierende Rechtsordnung auch in Bezug auf die Rechtsgüter des Bedrohten in der Lage ist, diese vor Verletzungen zu schützen. Gegenstand des Rechtssicherheitsvertrauens ist somit nicht die Normgeltung, sondern es sind die Rechtsgüter des Bedrohten. In gleicher Weise definieren Liszt[191] und Goehrs[192] den Gegenstand des Vertrauens und mithin den Begriff des Rechtsfriedens.

[189] Insofern ist der Argumentation Kleinebergs und Hugs zuzustimmen (siehe oben C I 1 (3.23)). Allerdings bezogen sie ihre Kritik auf die Ausführungen Liszts. Dieser sah den Gegenstand des Vertrauens jedoch nicht in der Normgeltung bzw. in der Funktionsfähigkeit der Rechtsordnung an sich, sondern in der Fähigkeit dieser grundsätzlich funktionierenden Rechtsordnung zum Schutz der konkret gefährdeten Rechtsgüter des Bedrohten (siehe unten C I 1 (5.13)).

[190] *Bayrhammer*, Das Delikt der Bedrohung, S. 8.

[191] *Liszt*, Lehrbuch des Deutschen Strafrechts, S. 407: „schützende Macht der Rechtsordnung“

(5.14) Diskussion

(5.141) Rechtsfrieden als Vertrauen auf die Sicherheit der eigenen Rechtspositionen

Das Verständnis vom Rechtsfrieden als Vertrauen auf die Sicherheit der eigenen Rechtspositionen erscheint einleuchtend. Die Richtigkeit dieser Ansicht wird deutlich, wenn man sich die Reaktion des Opfers auf eine Drohung einmal genauer ansieht. Die geistige Erfassung und Ernstnahme der Bedrohung führt dem Opfer vor Augen, dass eine konkrete Möglichkeit besteht, Opfer einer Straftat zu werden. Diese Erkenntnis ist von der Lebenserfahrung zu unterscheiden, dass die Möglichkeit, Opfer einer Straftat zu werden, immer gegeben ist. Diese nur abstrakte und je nach angedrohter Tat mehr oder weniger wahrscheinliche Möglichkeit stellt einen Teil des allgemeinen Lebensrisikos dar. Dieses lässt dem Einzelnen jedoch immer noch die Möglichkeit darauf zu vertrauen, dass seine Rechtsgüter von verbrecherischen Angriffen verschont bleiben. Die Bedrohung aber führt zur Konkretisierung dieser Möglichkeit. Das Opfer sieht seine Rechtsgüter nun konkret gefährdet. Der Einzelne kann daher nicht mehr darauf vertrauen, dass er nicht Opfer einer Straftat wird. Anders formuliert: Er kann nicht mehr davon ausgehen, dass die Norm, deren Bruch angedroht worden ist, nicht zu seinem Nachteil gebrochen werden wird. Sein Vertrauen in seine Rechtssicherheit ist somit verletzt. Gegenstand des Vertrauens ist somit die Sicherheit der eigenen Rechtspositionen, nicht die Geltung der Normen. Es geht nicht darum, dass der Einzelne sich um die Funktionsfähigkeit der Rechtsordnung sorgt, sondern darum, ob diese funktionierende Rechtsordnung in der Lage ist, seine Rechtsgüter trotz der konkreten Gefahr zu schützen. Nur um diese Sicherheit geht es ihm, und nur darauf kann er nicht mehr vertrauen.

(5.141) Rechtsfrieden als Etikett für das Freisein von Angst und Schrecken

Das so zu verstehende Rechtssicherheitsvertrauen kann man zum Gegenstand des Rechtsfriedens machen. Der Rechtsfrieden setzt demnach die Versetzung des Bedrohten in Angst und Schrecken nicht voraus. So stellt auch Bayrhammer fest: „Dieser Zustand [der Furcht] kann, muß aber nicht eine Folge der Drohung sein.“[193] Diese Abgrenzung führt dazu, dass der Rechtsfrieden eine eigenständige Bedeutung erhält.

---

[192] *Goehrs*, Die Delikte der Androhung und der Bedrohung, S. 480: „...; der Rechtsfrieden in diesem Sinne also entsprechend das Gefühl davon, daß man vor Angriffen auf den gesicherten Bestand und ungestörten Genuß der von der Rechtsordnung garantierten Güter und Zustände auch wirklich geschützt ist“.

[193] *Bayrhammer*, Das Delikt der Bedrohung, S. 13.

Allerdings wird diese definitive Abgrenzung des Rechtsfriedens vom Freisein von Angst und Schrecken selbst von den Verfechtern dieser Ansicht nicht konsequent beibehalten. Vielmehr werden bei der Begründung, warum der Rechtsfrieden und nicht die Willensfreiheit das geschützte Rechtsgut sein müsse, Begriffe wie „Besorgnis"[194] und „Befürchtungen"[195] verwandt. Auf einmal scheint eine Verletzung des Rechtsfriedens dann gegeben zu sein, wenn der Bedrohte in Angst und Schrecken versetzt wird: „Auf eine Verletzung dieses [Rechtsfriedensbewußtseins] muß sich nämlich die Absicht des Thäters beziehen, d. h. er muß bezwecken, daß der Bedrohte durch das ihm in Aussicht gestellte Übel, die Drohung, sich beunruhigt fühlt, besorgt wird, erschrickt"[196]. Überhaupt wird die reine Bedrohung wie selbstverständlich mit der Versetzung in Angst und Schrecken in Zusammenhang gebracht. So definiert Bayrhammer die reine Bedrohung folgendermaßen: „Er [der Zweck der Bedrohung] kann also ausschließlich auf die Ankündigung eines Uebels und damit zugleich auf Einschüchterung, Erregung von Furcht, Besorgnis vor der Verwirklichung des Uebels gerichtet sein (reine Bedrohung)"[197].
In diesem Punkt stimmt ihm Hug von Schlieren, ein Vertreter der Ansicht, dass Schutzgut die Willensfreiheit sei, zu: „Drohung ist immer die Ankündigung einer Handlung zum Zweck der Furchterregung"[198]. Er und auch andere Befürworter seiner Ansicht versuchen erst gar nicht den Zustand der Angst und des Schreckens vom Bewusstsein eines fehlenden Rechtsfriedens abzugrenzen[199], da für sie nur die notwendige weitere Folge, die Beeinträchtigung der Willensfreiheit, maßgebend ist[200].
Am deutlichsten wird jedoch die fehlende Abgrenzung des Rechtsfriedens vom Freisein von Angst und Schrecken in einer Entscheidung des Reichsgerichts aus dem Jahre 1881. Damals erkannte das Reichsgericht, „daß der Wille des Thäters darauf gerichtet sein muß, in dem Bedrohten Furcht vor der Verwirklichung der

---

[194] *Goehrs*, Die Delikte der Androhung und der Bedrohung, S. 483.
[195] *Goehrs* ebenda.
[196] *Goehrs*, Die Delikte der Androhung und der Bedrohung, S. 510.
[197] *Bayrhammer*, Das Delikt der Bedrohung, S. 6.
[198] *Hug von Schlieren*, Die Drohung im Strafrecht, S. 28.
[199] Soweit doch zwischen der Versetzung in Angst und Schrecken und der Beeinträchtigung des Rechtsfriedens unterschieden wird, beruht diese Unterscheidung auf einem falschen Verständnis von dem Gegenstand des Rechtssicherheitsvertrauens. Hug von Schlieren und Kleineberg fragen nämlich danach, ob das Vertrauen in die Rechtsordnung an sich verletzt werden könne, und nicht nach dem Vertrauen auf die Sicherheit der eigenen Rechtspositionen (siehe oben C I 1 (3.232), (3.233) und Fn. 359).
[200] *Hälschner*, Das gemeine deutsche Strafrecht, § 39; *Hug von Schlieren*, Die Drohung im Strafrecht, S. 26, 27; *Kleineberg*, Die Drohung als Mittel zur Begehung strafbarer Handlungen, S. 9, 16. Das Argument, dass die Willensfreiheit geschütztes Rechtsgut sein müsse, da ihre Beeinträchtigung eine notwendige weitere Folge der Bedrohung sei, lässt sich gleichermaßen gegen den Rechtsfrieden und das Freisein von Angst und Schrecken anführen. Ob diese Argumentation stichhaltig ist, wird weiter unten geklärt (5.212).

Drohung hervorzurufen, den Rechtsfrieden zu stören“[201]. Im weiteren Verlauf der Entscheidung führt das Gericht aus: „Das Gesetz geht davon aus, daß eine solche Bedrohung mit der Vornahme einer als Verbrechen sich darstellenden Handlung an sich geeignet ist, den Rechtsfrieden des Bedrohten zu stören, in ihm die Furcht vor der Verwirklichung der Drohung hervorzurufen.“ Erregung von Furcht und Verletzung des Rechtsfriedens scheinen dasselbe zu bedeuten. Das eine ist nur noch eine Umschreibung für das andere. Damit lässt sich festhalten, dass zur letzten Jahrhundertwende der Begriff „Rechtsfrieden“ nicht mehr als ein Etikett und mithin streng genommen überflüssig war.

(5.142) Hintergrund: die Lehre vom Rechtsgut und die Rechtsgeschichte

Es stellt sich daher die Frage, warum ein Begriff verwendet wurde, der, wenn er lediglich ein Etikett für das Freisein von Angst und Schrecken ist, überflüssig und irreführend ist. Die Antwort liegt in dem Aufkommen der Lehre vom Rechtsgut im 19. Jahrhundert und in der Rechtsgeschichte. Die Ansicht, dass das Strafrecht dem Schutz von Rechtsgütern dient, machte es erforderlich, auch im Falle der Bedrohung ein Rechtsgut zu benennen. Bei dieser Begriffsfindung ließ man sich von der Rechtsgeschichte beeinflussen: Die Bedrohung tauchte seit Jahrhunderten in einem Atemzug mit dem Begriff „Rechtsfrieden“ auf. So wurde die Drohung zuerst in den „Stadtfrieden“ geregelt, weil die Stadtherren um den Frieden in der Stadt fürchteten[202]. Im Hochmittelalter wurden im Rahmen eines Sühneverfahrens „Friedgebote“ erlassen[203]. Die Urfehde, das Ziel der Sühneverfahren, war das Gelöbnis der beteiligten Parteien, den Frieden wahren zu wollen[204]. Die ersten „Strafen“, die an Drohungen geknüpft wurden, waren Sicherungsmaßnahmen, die der Wiederherstellung des Friedens dienen sollten[205]. Im gemeinen Recht konnte eine Drohung nur dann als qualifizierte Drohung betrachtet werden, wenn sie, durch ein äußeres Faktum bekräftigt, den „öffentlichen Frieden“ verletzte[206]. Heute wird § 126 StGB, dessen Vorläufer auch als „Landfriedensbruch“[207] bezeichnet wurden, als „Störung des öffentlichen Friedens“ bezeichnet. Nach allgemeiner Meinung stellt die reine, einfache Bedrohung nach § 241 I StGB das „Gegenstück“ zu diesem § 126 StGB dar[208]. Die

---

[201] RGSt 3, 73.
[202] Vgl. oben B III 3.
[203] Vgl. oben B II 3 (3.4).
[204] Vgl. oben ebenda.
[205] Vgl. oben B III 3.
[206] Vgl. oben B IV 2 (2).
[207] Vgl. *Ritter*, Die Behandlung schädlicher Leute in der Carolina, S. 22 f; siehe auch oben Fn. 92.
[208] *Eser* in S/S, § 241 Rn. 2; *Schäfer* in LK, § 241 Rn. 2; *Schroeder*, Strafrecht BT I, § 16 Rn. 3: „Die Vorschrift ist das individualschützende Gegenstück zu dem den öffentlichen Frieden schützenden § 126“.

Rechtsgeschichte führte somit zur Benennung eines Rechtsgutes „Rechtsfrieden“. Dass es nicht mehr als ein Etikett war, störte offenbar nicht. In den Arbeiten, die noch im gemeinen Recht verhaftet waren und sich noch nicht mit der Frage nach einem Rechtsgut aufhielten, kam man wie selbstverständlich auf die Furchterregung zu sprechen. So beschäftigte sich John ausschließlich damit, wie das römische Recht die reine Drohung behandelte[209]. Seine Begründung der Einteilung der reinen Drohung als Injurie beruht auf dem römischen Verbrechen der psychischen Gewalt, der „concussio“[210]. Sein Ausgangspunkt war somit die psychische Gewalt, die bei der reinen Drohung dazu führe, dass „durch Erregung von Angst und Furcht“ der Bedrohte „injuriirt“ werde[211]. John beschreibt die Drohung als selbständiges Vergehen folgendermaßen: „Der vollendete Thatbestand wird vorliegen, wenn der Absicht des Drohenden gemäß durch geeignete Drohmittel der Zustand psychischer Unfreiheit – der Angst, der Furcht – in dem Bedrohten hervorgerufen ist.“[212] Dieses Verständnis lag der reinen Drohung auch später noch zugrunde, nur bedurfte es nun noch der Benennung eines Rechtsgutes, wofür sich der Rechtsfrieden aufgrund der Rechtsgeschichte anbot.

(5.143) Ergebnis

So lässt sich festhalten, dass zwar dem Begriff des Rechtsfriedens eine eigenständige Bedeutung gegeben werden kann und im älteren Schrifttum vordergründig in Form von Definitionen gegeben wurde, tatsächlich aber der Rechtsfrieden zur Jahrhundertwende nur als Etikett für das Freisein von Angst und Schrecken diente. Spätere Auffassungen benutzten ihn nur noch als inhaltslose Worthülse. Als solche ist der Begriff jedoch überflüssig, so dass Jakobs ihn im Sinne seiner Theorie interpretierte, die jedoch in Bezug auf § 241 StGB unzutreffend ist. Will man mit dem Begriff „Rechtsfrieden“ weiterhin arbeiten, dann muss man ihn als Vertrauen auf die Sicherheit der eigenen Rechtspositionen verstehen, denn nur so kann ihm eine eigenständige Bedeutung gegeben werden. Nachfolgend wird daher unter Rechtsfrieden das Vertrauen auf die Sicherheit der eigenen Rechtspositionen verstanden, das Vertrauen darauf, dass ein Normbruch zu eigenen Lasten nicht erfolgen werde.

(5.2) Schutzgut des § 241 StGB

Um herauszufinden, was Schutzgut des § 241 I StGB ist, muss zunächst nach dem Sinn der Regelung gefragt werden. Denn erst wenn man weiss, welches Interesse § 241 StGB schützen soll, kann man danach fragen, ob es sich bei die-

[209] *John*, Landzwang und widerrechtliche Drohungen, S. 53 ff.
[210] *John*, Landzwang und widerrechtliche Drohungen, S. 59.
[211] *John*, Landzwang und widerrechtliche Drohungen, S. 61.
[212] *John*, Landzwang und widerrechtliche Drohungen, S. 62.

sem Interesse um ein Rechtsgut handelt. Nachfolgend soll daher zunächst nach Sinn und Zweck der Regelung, also danach gefragt werden, welches Interesse § 241 StGB zu schützen bestimmt ist. Anschließend kann darauf eingegangen werden, ob es sich bei diesem Interesse um ein Rechtsgut handelt.

(5.21) Sinn und Zweck der Regelung

(5.211) Einleitung

Um die Frage nach Sinn und Zweck des § 241 StGB beantworten zu können, muss man sich vor Augen führen, welche Folgen eine Drohung für das Opfer haben kann. Das Opfer kann eventuell nicht mehr darauf vertrauen, dass ein Bruch der in Frage stehenden Norm zu seinen Lasten nicht erfolgen werde (Verletzung des Rechtsfriedens). Eine Drohung kann das Opfer zudem in Angst und Schrecken versetzen. Als weitere, mittelbare Folge kommt die Erzwingung bestimmter Entschlüsse in Betracht, insbesondere hinsichtlich des Aufenthaltsortes (Verletzung der Willensentschließungsfreiheit). Es muss nun geklärt werden, welche dieser Folgen ein Bedrohungstatbestand verhindern soll.

(5.212) Diskussion

Typische Folge einer reinen Bedrohung ist die Versetzung des Opfers in Angst und Schrecken. Dies haben sowohl die Befürworter des Schutzgutes „Rechtsfrieden“ als auch die Verteidiger der Ansicht, dass die Willensfreiheit das geschützte Rechtsgut sein müsse, anerkannt[213]. Sie haben die reine Drohung als ein Verhalten zum Zwecke der Furchterregung beschrieben[214]. Trotz der Angabe einer Definition, die den Rechtsfrieden vom Freisein von Angst und Schrecken abgrenzt, wurde widersprüchlicherweise letztlich immer wieder dieses Freisein hinter dem Rechtsfrieden gesehen. Der Grund dafür, warum die ältere Literatur und Rechtsprechung den Rechtsfrieden nur als Etikett für die Versetzung des Opfers in Angst und Schrecken benutzten, liegt in der Lehre vom Rechtsgut, die zur Strafbegründung die Benennung eines Rechtsgutes erforderlich machte, und in der Rechtsgeschichte, die die Bezeichnung vorgab[215]. Wer sich nicht die Mühe machen musste, ein Rechtsgut zu benennen, weil er noch dem gemeinrechtlichen Denken verschrieben war, kam wie von selbst auf das Wesentliche zu sprechen[216]. Ebenso hat das amerikanische Recht, das von einer langen rechtsgeschichtlichen Entwicklung der Bedrohung „verschont“ geblieben ist,

---

[213] Vgl. oben C I 1 (5.14).

[214] *Bayrhammer*, Das Delikt der Bedrohung, S. 6; *Hug von Schlieren*, Die Drohung im Strafrecht, S. 28

[215] Vgl. oben C I 1 (5.14).

[216] Vgl. oben ebenda.

wie selbstverständlich im Freisein von Angst und Schrecken das Schutzgut eines reinen, einfachen Bedrohungstatbestandes gesehen[217]. Die neuere Literatur, die den Rechtsfrieden nur noch schlagwortartig heranzog, ohne sich über dessen Bedeutung als „Etikett“ im Klaren zu sein, konnte einen Bezug zum Freisein von Angst und Schrecken nicht mehr erkennen. Der tatsächliche Inhalt war vollständig in Vergessenheit geraten, so dass er von Schroeder „neu entdeckt“ werden konnte: „Was hier in Wahrheit beeinträchtigt ist, ist die Freiheit des einzelnen von Furcht“[218]. Dennoch blieb Schroeder bei der Annahme, dass allenfalls die Willensentschließungsfreiheit geschütztes Rechtsgut sein könne.
Der Grund, warum sich Schroeder trotz der Erkenntnis, dass § 241 StGB die „Freiheit des einzelnen von Furcht“ schützen will, für die Willensentschließungsfreiheit als Schutzgut aussprach, liegt in der Lückenhaftigkeit des Schutzes dieser Freiheit[219]. Solche Überlegungen können aber allenfalls zu einer Ausweitung des Schutzes, nicht jedoch zur Bestreitung des Schutzgutes führen[220]. Auch das Argument, dass die Beeinträchtigung der Willensfreiheit eine notwendige weitere Folge sei[221], kann nicht überzeugen. Ein Interesse kann, wie gezeigt worden ist[222], dann ein Rechtsgut sein, wenn es der freien Entfaltung der Persönlichkeit dient. Die freie Entfaltung der Persönlichkeit wiederum ist das Wesen der Freiheit[223] und somit auch das Wesen der Konkretisierung „Willensfreiheit“. Daher führt die Beeinträchtigung eines die freie Entfaltung der Persönlichkeit verfolgenden Interesses zwangsläufig zu einer Beeinträchtigung der Willensfreiheit. Das führt jedoch nicht dazu, dass die Willensfreiheit immer geschütztes Rechtsgut ist. So ist bei einer schweren Körperverletzung die körperliche Unversehrtheit geschütztes Rechtsgut, nicht aber die in der Folge notwendig verletzte Willensfreiheit[224]. Im Strafgesetzbuch werden also die Vorbedingungen der Freiheit an sich geschützt. Die Willensfreiheit selbst ist nur in wenigen Fällen alleiniges Schutzgut[225]. Mit anderen Worten: Durch die Entscheidung des

---

[217] Vgl. oben C I 1 (4.13).
[218] *Schroeder*, Die Bedrohung mit Verbrechen, S. 671.
[219] *Schroeder*, Die Bedrohung mit Verbrechen, S. 671.
[220] Siehe unten C I 1 (5.23).
[221] *Hälschner*, Das gemeine deutsche Strafrecht II, § 39; *Hug von Schlieren*, Die Drohung im Strafrecht, S. 27; *Kleineberg*, Die Drohung als Mittel zur Begehung strafbarer Handlungen, S. 16.
[222] Siehe oben C I 1 (2).
[223] *Schroeder*, Strafrecht BT, 6. Auflage, § 12 II 4; *Vogler* in LK, vor § 234 Rn. 2.
[224] Vgl. auch *Goehrs*, Die Delikte der Androhung und der Bedrohung, S. 483, der gegen die Behauptung, Rechtsgut sei die Willensfreiheit, weil ihre Beeinträchtigung eine notwendige weitere Folge ist, einwendet: „Es ließe sich dann ebenso gut schließlich jede schwere Körperverletzung als Delikt gegen die persönliche Freiheit auffassen, weil durch die in der Folge ja die Freiheit der körperlichen Bewegung beeinträchtigt wird.“
[225] Beispielsweise in § 240 StGB (*Eser* in S/S, § 240 Rn. 1).

Gesetzgebers, ein Interesse zu schützen, weil es der freien Entfaltung der Persönlichkeit dient, wird dieses Interesse verselbständigt[226].
Der Hinweis darauf, dass die Beeinträchtigung der Willensfreiheit eine notwendige weitere Folge der Bedrohung ist, sagt somit nichts darüber aus, ob es sich bei der Willensfreiheit um das zu schützende Rechtsgut handelt. Entscheidend ist, dem Schutz welchen Interesses § 241 StGB zu dienen bestimmt ist. Ein überzeugender Grund dafür, dass es die Willensfreiheit ist, konnte jedoch nicht angeführt werden. Es drängt sich vielmehr der Eindruck auf, dass die Vertreter dieser Ansicht Bedenken gegen die Anerkennung eines Rechtsguts haben, das lediglich einen Bewusstseinszustand beschreibt. Dies äußert sich darin, dass sie auf ein anerkanntes Rechtsgut zurückgreifen, obwohl sie erkennen, dass die Folge, die es zu verhindern gilt, die Versetzung des Opfers in Angst und Schrecken ist[227]. Ob das Interesse am „Freisein von Angst und Schrecken" bzw. der Zustand „Freisein von Angst und Schrecken" ein Rechtsgut sein kann, gilt es noch zu klären[228].

Des weiteren kommt der Rechtsfrieden in Betracht, also das Interesse daran, dass die eigenen Rechtspositionen vor Verletzungen geschützt werden. Dieses Interesse ist so, also in seiner eigenen Bedeutung und nicht lediglich als Etikett für das Freisein von Angst und Schrecken noch nicht als Schutzgut des § 241 StGB herangezogen worden. Es spricht auch nichts dafür. Denn indem die Verletzung des Rechtsfriedens als solche die Versetzung des Opfers in Angst und Schrecken gerade nicht voraussetzt[229], muss nicht das ganze Gemüt des Bedrohten ergriffen werden. Wenn jedoch die Gedanken des Bedrohten trotz des Wissens von der konkreten Möglichkeit, Opfer einer Straftat zu werden, nicht von diesem Wissen beherrscht werden, er mit der Situation „selber fertig werden kann", dann handelt es sich beim Rechtsfrieden um ein geringwertiges Interesse, um eine unerhebliche Verletzung des Bedrohten, deren Auswirkungen er ohne weiteres bewältigen kann. Die Verletzung des Rechtsfriedens als solche stellt

---

[226] An dieser Selbständigkeit kann auch der einzelne Rechtsgutsträger nichts ändern. Durch eine Einwilligung in die Verletzung des Interesses kann dessen Qualifizierung als Rechtsgut nicht zurückgenommen, sondern (allenfalls) die Verletzung des Rechtsguts gerechtfertigt werden. Denn Rechtsgut ist das der freien Entfaltung der Persönlichkeit dienende Interesse an sich, nicht aber eine Beziehung des Einzelnen zu diesem Interesse, kraft derer er über dessen Qualifizierung bestimmen könnte (vgl. *Hirsch* in LK, vor § 32, Rn. 105; *derselbe* in: Einwilligung und Selbstbestimmung, S. 782 ff; *Jescheck*, Lehrbuch des Strafrechts AT, S. 375; a.A. *Marx*, Zur Definition des Begriffs >Rechtsgut<, S. 64 ff; *Stratenwerth*, Strafrecht AT, 4. Auflage, § 9 Rn. 5).
[227] *Schroeder*, Die Bedrohung mit Verbrechen, S. 671; vgl. auch *Binding*, Die Normen und ihre Übertretung, S. 533 Fn. 766; *Glaser*, Abhandlungen aus dem Oesterreichischen Strafrecht, S. 5 ff; *Kleineberg*, Die Drohung als Mittel zur Begehung strafbarer Handlungen, S. 9.
[228] Siehe unten C I 1 (5.22).
[229] Vgl. oben C I 1 (5.14).

sich somit in erster Linie als eine sachliche Schlussfolgerung dar und kann daher als eine bloße Unannehmlichkeit oder geringfügige Beunruhigung angesehen werden. Der Rechtsfrieden bedarf folglich nicht des Schutzes durch die Strafrechtsordnung. Er lässt sich nicht als strafrechtlich schützenswertes Interesse bezeichnen. Es spricht somit nichts für die Annahme, der Gesetzgeber wollte mit einem Bedrohungstatbestand vor einer bloßen Unannehmlichkeit schützen. Vielmehr ging es ihm darum, die typische und gravierende Folge einer Bedrohung zu verhindern: die Versetzung des Opfers in Angst und Schrecken.

(5.213) Ergebnis

Es hat sich gezeigt, dass die Folge, die ein Bedrohungstatbestand verhindern will, die Versetzung des Opfers in Angst und Schrecken ist. Die Berufung auf den Rechtsfrieden in seiner eigenständigen Funktion stellt die Berufung auf ein strafrechtlich nicht schützenswertes Interesse dar, das der Gesetzgeber auch gar nicht schützen wollte. Soweit der Rechtsfrieden in der neueren Literatur bemüht wurde, benutzte man ihn, um eigenen Theorien einen Namen zu geben oder ließ ihn als Schlagwort und Worthülse stehen. Zur letzten Jahrhundertwende wurde der Rechtsfrieden lediglich als ein Etikett für das Freisein von Angst und Schrecken benutzt, wie die Ausführungen der Literatur und die höchstrichterliche Rechtsprechung dieser Zeit aufzeigen. Die Anführung eines Begriffes wurde aufgrund der Lehre vom Rechtsgut im 19. Jahrhundert erforderlich. Die Wahl des Begriffes wurde durch die Rechtsgeschichte bestimmt, die die Bedrohung seit Jahrhunderten mit dem Begriff „Frieden“ in Verbindung gebracht hatte. In der Versetzung des Opfers in Angst und Schrecken wurde jedoch nach wie vor die typische Folge und der Zweck einer reinen Drohung gesehen. Diese Sicht findet sich auch im benachbarten Ausland und im amerikanischen Rechtskreis, wie die rechtsvergleichenden Ausführungen gezeigt haben. Auch den „terroristic threat statutes“ liegt die Erkenntnis zugrunde, dass neben dem Freisein von Angst und Schrecken die Beeinträchtigung des Sicherheitsgefühls und der Willensfreiheit des Opfers als zu schützende Interessen in Betracht kommen. Gleichwohl stand es außer Frage, dass die Folge, die es zu verhindern gilt, die Versetzung des Opfers in Angst und Schrecken ist.
Nachfolgend gilt es daher zu überprüfen, ob das, was § 241 StGB schützen will, das Freisein von Angst und Schrecken, überhaupt vom Gesetzgeber geschützt werden darf, ob es sich also um ein Rechtsgut handelt.

(5.22) Kann das Freisein von Angst und Schrecken ein Rechtsgut sein?

Das Freisein von Angst und Schrecken ist ein Bewusstseinszustand. In der älteren Literatur ist die Vorstellung eines Rechtsgutes, dass ausschließlich das Bewusstsein zum Gegenstand hat, häufig auf Ablehnung gestoßen. Man hielt es für

höchst bedenklich, das „Empfindungsleben" eines Menschen als solches vom Recht als Rechtsgut bezeichnen zu lassen[230]. Andere sprechen davon, dass „ein Bewußtsein nicht als Rechtsgut anerkannt werden kann"[231].
Dahinter scheint ein Ansatz zu stehen, der von einem abschließenden Katalog greifbarer Rechtsgüter ausgeht[232]. Die Ausführungen zum Rechtsgutsbegriff haben jedoch gezeigt, dass ein abschließender Katalog gerade nicht vorhanden ist[233]. Des weiteren hat Kindhäuser in seinen analytisch-rechtstheoretischen Überlegungen zum Rechtsgutsbegriff nachgewiesen, dass Rechtsgüter keine Gegenstände sind[234]. Es handelt sich vielmehr um Interessen oder Zustände[235]. Das Freisein von Angst und Schrecken ist ein Zustand, der dem Menschen als Lebewesen und nicht aufgrund von Normen zukommt. Damit dieser Zustand als Rechtsgut angesehen werden kann, muss er die freie Entfaltung der Persönlichkeit ermöglichen[236].
Freisein von Angst und Schrecken bedeutet das Freisein von einem heftigen, das ganze Gemüt ergreifenden peinvollen Seelenzustand. Wenn das ganze Gemüt von Angst ergriffen ist, alle Gedanken von dieser Angst beherrscht werden, dann sind die Gedanken nicht mehr frei zur Entfaltung der Persönlichkeit. Es besteht eine geistige Blockade, die entfaltendes Denken verhindert. Das Freisein von dieser Blockade, das Freisein von Angst und Schrecken ist daher für die freie Entfaltung der Persönlichkeit erforderlich. Dieser Zustand kann daher als Rechtsgut bezeichnet und mithin vom Gesetzgeber durch das Strafrecht geschützt werden[237].

---

[230] *Binding*, Die Normen und ihre Übertretung, S. 533, Fn. 766.
[231] *Kleineberg*, Die Drohung als Mittel zur Begehung strafbarer Handlungen, S. 9.
[232] Vgl. die Ausführungen *Glasers*, Abhandlungen aus dem Oesterreichischen Strafrecht, S. 5 und 9: Das Strafrecht würde seine Grenzen überschreiten, wenn es die Einwirkung auf das Seelenleben eines anderen erfassen wollte, da es auf greifbare Tatsachen, einen fest umrissenen Tatbestand angewiesen sei.
[233] Siehe oben C I 1 (2).
[234] Siehe oben C I 1 (2).
[235] Siehe oben C I 1 (2).
[236] Vgl. *Kindhäuser*, Gefährdung als Straftat, S. 144: „ ...; diese [Rechtsgüter] werden geschützt, weil ihr Vorhandensein bzw. ihre Geltung um der freien persönlichen Entfaltung des einzelnen willen für erforderlich gehalten wird."; *Marx*, Zur Definition des Begriffs >Rechtsgut<, S. 62: „Damit können wir nun Rechtsgüter material definieren als *diejenigen Gegenstände, die der Mensch zu seiner freien Selbstverwirklichung braucht*"; *Roxin*, Strafrecht AT, § 2 Rn. 9: „Rechtsgüter sind Gegebenheiten oder Zwecksetzungen, die dem einzelnen und seiner freien Entfaltung im Rahmen eines auf dieser Zielvorstellung aufbauenden sozialen Gesamtsystems oder dem Funktionieren dieses Systems selbst nützlich sind"; *Rudolphi*, Die verschiedenen Aspekte des Rechtsgutsbegriffs, S. 164: „Es sind für unsere verfassungsgemäße Gesellschaft und damit auch für die verfassungsgemäße Stellung und Freiheit der einzelnen Bürger unverzichtbare und deshalb werthafte soziale Funktionseinheiten."
[237] Auch wenn man den von der Rechtsgutslehre abweichenden Auffassungen Zipfs und Amelungs folgt, kommt man zu dem Ergebnis, dass das Freisein von Angst und Schrecken

(5.23) Weiterer Kritikpunkt: Lückenhaftigkeit des Schutzes

Glaser spricht sich aus einem weiteren Grunde gegen die Annahme des Bewusstseins als Schutzgut aus. Es sei nämlich möglich, andere Menschen auf vielfältigste Weise in eine peinvolle psychische Lage zu bringen[238]. Konsequenterweise müssten daher Verhaltensweisen bestraft werden, die offensichtlich keine Strafe verdienten: der Schmerz enttäuschter Erwartung, verlorene Liebespein, der Neid usw.[239]. Diesem Argument schließt sich Schroeder an, indem er unter Hinweis auf die Argumentation Glasers hervorhebt, dass der Schutz des § 241 StGB unter dem Aspekt der Freiheit von Furcht lückenhaft erscheine[240]. Zahlreiche schwerwiegende Furchterregungen wie die Vorspiegelung einer schweren Krankheit bei dem Opfer oder einer ihm nahestehenden Person und die Vortäuschung von drohenden Naturereignissen oder bösen Geistern blieben außerhalb des Tatbestandes[241].
Dazu ist zu sagen, dass die genannten Verhaltensweisen in der Tat geeignet sind, einen Menschen in Angst und Schrecken zu versetzen und mithin das Schutzgut des § 241 StGB tangieren. Die Aufgabe des Strafrechts geht jedoch nicht dahin, Rechtsgüter in jedem Fall zu schützen. Rechtsgüter genießen keinen „absoluten" Schutz[242]. Die Frage, gegen welche Verhaltensweisen ein Gut geschützt werden darf, ist erst auf der nächsten Stufe, bei der Frage nach der Verbotsnorm, zu stellen. Soweit eine Verhaltensweise das Rechtsgut verletzt, die durch die allgemeine Handlungsfreiheit gedeckt ist, können die Interessen an der Vornahme der Handlung die Interessen an dem Schutz des Gutes überwiegen. Somit mag „verlorene Liebespein" durchaus zu einem Zustand psychischer Qual führen; wegen dieser Rechtsgutsverletzung kann jedoch das in Frage stehende Verhalten, die Beendigung oder Nichtaufnahme einer partnerschaftlichen Beziehung, nicht verboten werden. Auf der anderen Seite sind durchaus Verhaltensweisen denkbar, die nicht nur das Rechtsgut tangieren, sondern darüber hinaus verbietbar sind. Diese Überlegung könnte jedoch allenfalls dazu führen, dass der strafrechtliche Schutz auf diese Verhaltensweisen ausgedehnt werden sollte[243], nicht

---

vom Gesetzgeber durch das Strafrecht geschützt werden darf, da Zipf den materiellen Verbrechensbegriff ebenfalls als durch die Verfassungsordnung vorgeprägt ansieht (*Zipf*, Kriminalpolitik, S. 107; siehe auch oben C I 1 (2)) und Amelung seine Systemtheorie durch die Wertungen des Grundgesetzes einschränkt (*Amelung*, Rechtsgüterschutz und Schutz der Gesellschaft, S. 363 Fn. 67). Des weiteren werden Interessen aller Arten erfasst; vgl. die Kritik *Hassemers*, Buchbesprechungen, S. 164, an Amelungs Theorie: „Sein Kriterium für die Wahl der Verbrechensobjekte paßt auf schlechthin alles."

[238] *Glaser*, Abhandlungen aus dem Oesterreichischen Strafrecht, S. 11.

[239] *Glaser* ebenda.

[240] *Schroeder*, Die Bedrohung mit Verbrechen, S. 671.

[241] *Schroeder* ebenda.

[242] *Jakobs*, Strafrecht AT, 2.Abschn. Rn. 23.

[243] Siehe zur Ausweitung der Strafbarkeit unten C I 3 (7).

jedoch dazu, dass Drohungen nicht strafbar sind oder die Annahme eines Rechtsgutes „Freisein von Angst und Schrecken" unhaltbar ist. Somit ist dieses Argument zurückzuweisen.

(6) Ergebnis

Das Freisein von Angst und Schrecken ist ein Zustand bzw. ein Interesse, das der freien Entfaltung der Persönlichkeit dient. Als solches kann er als Rechtsgut im Strafrecht geschützt werden und diesen Schutz bezweckt § 241 StGB. Schutzgut des § 241 StGB ist somit weder der individuelle Rechtsfrieden noch die Handlungsfreiheit, sondern das Freisein von Angst und Schrecken.

2. Legitimation einer Verbotsnorm

(1) Einleitung

Nachdem herausgearbeitet wurde, dass § 241 StGB dem Schutz des Rechtsgutes „Freisein von Angst und Schrecken" dient, stellt sich die Frage, welche konkreten Verhaltensweisen zu seinem Schutz verboten werden können. Die Frage nach der Verbots- oder Verhaltensnorm ist der Frage nach Sanktionen vorgelagert[244]. Denn wenn ein Verhalten nicht verboten werden kann, dann kann es auch nicht sanktioniert werden. In beiden Fällen, bei der Frage nach der Legitimation eines Verbotes wie auch bei der Frage nach der Legitimation strafrechtlicher Sanktionen, geht es um eine Interessenabwägung unter Beachtung des Verhältnismäßigkeitsprinzips[245].
Nachfolgend wird zunächst die Verhältnismäßigkeit einer Verbotsnorm sowohl für nicht ernst gemeinte als auch für ernst gemeinte Drohungen nachgewiesen. Anschließend wird gezeigt, dass sich aus dem Verbot ernst gemeinter Drohungen und der Anzeigepflicht aus § 138 StGB entgegen Schroeder[246] kein Wertungswiderspruch ergibt.

---

[244] *Freund*, Strafrecht AT, § 1 Rn. 12; *Frisch*, Tatbestandsmäßiges Verhalten und Zurechnung des Erfolges, S. 77 Fn. 33; *derselbe* in: Strafbarkeitsvoraussetzungen einer modernen Strafgesetzgebung, S. 210.
[245] vgl. *Frisch*, Tatbestandsmäßiges Verhalten und Zurechnung des Erfolges, S. 73 ff, 75; *derselbe* in: Voraussetzungen einer modernen Strafgesetzgebung, S. 211, 218 f.
[246] *Schroeder*, Die Bedrohung mit Verbrechen, S. 672.

(2) Verhältnismäßigkeit einer Verbotsnorm

(2.1) Geeignetheit und Erforderlichkeit

Der negative Bezug, den Drohungen auf das Freisein von Angst und Schrecken haben, ist bei der Frage nach dem geschützten Rechtsgut deutlich geworden. Es bestehen auch keine Zweifel daran, dass ein Verbot von Drohungen geeignet ist diesen Zustand zu schützen wie auch kein milderes Mittel ersichtlich ist. Geeignetheit und Erforderlichkeit einer Verbotsnorm sind daher gegeben.

(2.2) Angemessenheit

Um die Angemessenheit (Verhältnismäßigkeit im engeren Sinne, Gebotensein) einer Verbotsnorm zu überprüfen, muss das Gütererhaltungsinteresse mit dem Handlungsinteresse abgewogen werden[247].

(2.21) Fälle der nicht ernst gemeinten Drohung

Für die Fälle der nicht ernst gemeinten Drohung bedeutet dies, dass das Interesse am Freisein von Angst und Schrecken gegen das Interesse des Drohenden an der Drohung abgewogen werden muss. Da es kein schutzwürdiges Interesse gibt, einen anderen Menschen lediglich „zum Spaß" in Angst und Schrecken zu versetzen, ist das Verbot einer nicht ernst gemeinten Drohung, die jedoch ernst genommen werden soll, zum Schutze des Rechtsguts „Freisein von Angst und Schrecken" angemessen.

(2.22) Fälle der ernst gemeinten Drohung

Zweifel an der Angemessenheit eines Verbotes tauchen aber im Hinblick auf ernst gemeinte Drohungen auf. Hier stellt die in der Drohung enthaltene Information einen positiven Nebeneffekt dar. Man könnte daran denken, in der ernst gemeinten Drohung eine „Warnung"[248] zu sehen, „für die das Opfer nur dankbar sein kann"[249]. Der Begriff „Warnung" ist hier nicht rechtstechnisch zu verstehen, da sich die rechtlichen Begriffe Warnung und Drohung gegenseitig ausschließen. Bei einer Warnung fehlt gerade die Abhängigkeit des Übelseintritts vom Willen des Warnenden, während die (zumindest vorgegebene) Abhängigkeit Voraussetzung für das Vorliegen einer Drohung ist[250]. Um Missverständ-

[247] *Frisch*, Tatbestandsmäßiges Verhalten und Zurechnung des Erfolges, S. 75.
[248] *Schroeder*, Die Bedrohung mit Verbrechen, S. 672.
[249] *Schroeder* ebenda.
[250] *Eser* in S/S, vor § 234 Rn. 31.

nisse zu vermeiden, sollte daher besser von einer Information gesprochen werden.

Besteht nicht ein beträchtliches Interesse an dieser Information? Nur dann, wenn das Opfer über das Vorhaben des Täters informiert wird, kann es sich darauf einstellen und so die Realisierung des Vorhabens eventuell verhindern. Die Information dient somit dem Schutz des Rechtsgutes, das im Falle der Begehung des Verbrechens verletzt werden würde.

Es scheinen sich daher zwei Opferinteressen gegenüberzustehen: das Interesse am Freisein von Angst und Schrecken einerseits und das Interesse am Schutz der bedrohten Rechtsgüter andererseits. Hierbei handelt es sich jedoch nicht um eine Situation, in der das eine Interesse nur unter völligem Verzicht auf das andere Interesse geschützt werden könnte. Diese wäre nur dann gegeben, wenn der Täter zur Mitteilung der Information und mithin zur Bedrohung verpflichtet werden würde. Zu Normierung einer solchen Vorschrift ist der Gesetzgeber jedoch nicht verpflichtet[251]. Vorliegend geht es also nicht um die Frage, ob Drohungen verboten oder gefordert werden sollten. Vielmehr geht es um die Frage, ob die Verwertung der in jeder Drohung steckenden, mehr oder weniger wertvollen Information dazu führt, dass der Unwertgehalt der Schutzgutverletzung aufgewogen wird.

Dies ist nicht deshalb möglich, weil die Information die eingetretene Rechtsgutsverletzung wiedergutmachen könnte, sondern weil trotz der Rechtsgutsverletzung ein Erfolgsunwert verneint werden könnte. Der Erfolgsunwert ist nämlich nicht mit der Rechtsgutsverletzung identisch. Er stellt vielmehr einen rechtlich missbilligten Zustand dar[252], der durch die Rechtsgutsverletzung lediglich indiziert wird. Es können aber höherwertige Interessen bestehen, hinter denen das Interesse an dem Schutz des Rechtsgutes zurücktreten muss. Soweit es sich um Gründe handelt, die ein grundsätzlich unrechtes Verhalten ausnahmsweise als nicht missbilligenswert erscheinen lassen, wird diese Abwägung in Form der Rechtfertigungsgründe vorgenommen[253]. Im Falle der ernst gemeinten Drohung geht es hingegen um Gründe, die in jedem einzelnen Fall vorliegen werden. Daher stellt sich hier nicht die Frage nach dem Unrechtsurteil im Einzelfall, sondern um die Frage der grundsätzlichen Verbietbarkeit[254]. Das ändert jedoch nichts daran, dass die Abwägung im Grunde dieselbe wie in den Fällen der Notstandsrechtfertigungsgründe ist, da es hier wie dort um die Frage geht, ob ein Verhalten zum Schutze vor einer sonst eintretenden Beeinträchtigung trotz Verletzung eines Rechtsgutes als nicht missbilligenswert erscheint. Im Falle der

---

[251] Eine solche Verpflichtung könnte sich nur aus Art. 2 II 1 GG ergeben. Die Anforderungen an einen solchen Extremfall sind hier nicht gegeben. Zu den Anforderungen vgl. unten C I 3 (7).

[252] *Roxin*, Strafrecht AT, § 10 Rn. 88,

[253] *Lenckner* in S/S, vor §§ 32 ff Rn. 7.

[254] Vgl. *Roxin*, Strafrecht AT, § 10 Rn. 21 Fn. 43.

ernst gemeinten Drohung könnte somit das Interesse am Freisein von Angst und Schrecken hinter dem Interesse an dem Schutz der bedrohten, existentiellen[255] Rechtsgüter zurücktreten müssen. Hier – wie auch in den Fällen des allgemeinen rechtfertigenden Notstandes – müsste der Täter die Gefahr, die für die bedrohten Rechtsgüter besteht, nicht anders abwenden können; die Drohung müsste das „einzige Mittel" zum Schutz der bedrohten Rechtsgüter sein[256]. Das wäre es, wenn dem Täter keine anderen gleich geeigneten, aber weniger einschneidenden Mittel zum Rechtsgüterschutz zur Verfügung stünden[257]. Aufgrund der Abhängigkeit des Übeleintritts vom Willen des Täters kann dieser die Gefahr, die ja ausschließlich in seinem Verbrechensplan begründet ist, jedoch auf andere Art mit Sicherheit und ohne die Versetzung in Angst und Schrecken erreichen: durch Aufgabe des Verbrechensplans. Es kann daher nicht gebilligt werden, dass der Täter an seinem Plan festhält und den Schutz der bedrohten Rechtsgüter anderen überlässt, wobei die Information, die er ihnen zukommen lässt, einen nur unsicheren Schutz darstellt. Die mehr oder weniger aussichtsreiche Verhinderungsmöglichkeit durch die Information, die in jeder Drohung enthalten ist, kann die Verletzung des Schutzgutes daher nicht aufwiegen. Ein Erfolgsunwert ist somit auch in den Fällen der ernst gemeinten Drohung gegeben. Zweifel an der Angemessenheit eines Verbotes sind somit unbegründet. Die Äußerung Schroeders, dass die Warnung des Opfers dem Täter kaum als Unrecht angelastet werden könne[258], ist irreführend; nicht die „Warnung" wird dem Täter angelastet, sondern die nicht erforderliche Versetzung in Angst und Schrecken.

(2.23) Ergebnis

Das Verbot der Bedrohung eines anderen Menschen mit der Begehung eines gegen ihn oder eine ihm nahestehende Person gerichteten Verbrechens ist somit verhältnismäßig. Die Zulässigkeit eines Verbotes kann im Hinblick auf ernst gemeinte Drohungen jedoch entfallen, wenn das Gesetz dasselbe Verhalten an anderer Stelle unter Androhung von Strafe fordert und damit eine widersprüchliche Wertung innerhalb desselben Gesetzes vornimmt (Verstoß gegen den Grundsatz der Einheit der Rechtsordnung[259]). Vom Täter verlangt das Gesetz die Mitteilung nicht, wohl aber von anderen Personen (§ 138 StGB). Ob die Anzeigepflicht des § 138 StGB zu einem Wertungswiderspruch führt, gilt es nachfolgend zu überprüfen.

---

[255] Von der Existentialität der bedrohten Rechtsgüter ist im Hinblick darauf, dass mit Verbrechen gedroht werden muss, auszugehen.
[256] BGH in NJW 1951, 770
[257] *Lenckner* in S/S, § 34 Rn. 18.
[258] *Schroeder*, Die Bedrohung mit Verbrechen, S. 672.
[259] *Engisch*, Die Einheit der Rechtsordnung, S. 49 ff.

(3) Wertungswiderspruch zwischen § 241 I StGB und § 138 StGB?

(3.1) Einleitung

Auch wenn die Prüfung der Verbotsnorm deren Verhältnismäßigkeit ergab, kann sie dann unzulässig sein, wenn der Gesetzgeber an anderer Stelle bei derselben Abwägung zu einem anderen Ergebnis gekommen ist. Ein solcher Wertungswiderspruch könnte sich im Falle der ernst gemeinten Drohungen aus der Existenz des § 138 StGB ergeben. § 138 StGB dient dem Schutz der durch eine geplante Tat bedrohten Rechtsgüter[260], indem derjenige, der von dem Vorhaben oder der Ausführung einer dieser Straftaten zu einer Zeit, zu der die Ausführung oder der Erfolg noch abgewendet werden kann, glaubhaft erfährt, unter Strafandrohung zur Anzeige bei „der Behörde oder dem Bedrohten" verpflichtet wird. Der abschließende Katalog dieses echten Unterlassungsdelikts enthält Straftaten, die nach Einschätzung des Gesetzgebers besonders schwer wiegen[261]. Soweit sich diese gegen den Staat richten, könnte man daran denken, dass es an einem anderen Menschen, der in Angst und Schrecken versetzt werden könnte, fehlt. Jedoch enthält § 138 StGB auch Verbrechen, die sich gegen höchstpersönliche Rechtsgüter richten und klassische Gegenstände von Drohungen darstellen, wie beispielsweise Mord und Totschlag. Wenn also auch nicht alle Verbrechen, die Gegenstand einer Drohung sein können, von § 138 StGB erfasst sind, so gibt es doch eine Schnittmenge. § 138 StGB und § 241 I StGB betrachten daher, bezogen auf die ernst gemeinte Drohung, zwei Seiten derselben Medaille. § 138 StGB richtet sein Augenmerk auf die zukünftige Tat, deren Begehung er verhindern will. Dafür verlangt er Mitteilung über geplante Taten, die erst die Möglichkeit der Verhinderung dieser Taten bietet. Für die Erlangung dieser Möglichkeit wird in Kauf genommen, dass als negativer Nebeneffekt das Opfer in Angst und Schrecken versetzt werden kann. Die Absichten des Mitteilenden sind zudem völlig irrelevant.

§ 241 I StGB hingegen will die Versetzung in Angst und Schrecken verhindern, gleich ob die angedrohte Tat tatsächlich begangen werden soll oder nicht. Für die Fälle der ernst gemeinten Drohung ergibt sich somit ein positiver Nebeneffekt, der in der Mitteilung eines Verbrechensplans liegt.

§ 241 I StGB betrachtet somit nur die negative Seite einer Mitteilung, während § 138 StGB die positive Seite im Blick hat. Es werden daher in beiden Fällen dieselben Interessen abgewogen: das Freisein von Angst und Schrecken auf der einen Seite und der Schutz der durch die geplante Tat zu verletzenden Rechtsgüter auf der anderen Seite. Eine Anzeige im Sinne des § 138 StGB, die besser als

---

260 *Cramer* in S/S, § 138, Rn. 1; *Hanack* in LK, § 138 Rn. 2; *Schroeder*, Strafrecht BT II, § 98 Rn. 6.

261 *Hanack* in LK, § 138 Rn. 5.

„Mitteilung" oder „Warnung" bezeichnet werden sollte[262], könnte daher denselben Erfolgsunwert wie eine Drohung haben. Sie kann beim Opfer zumindest dieselben Reaktionen auslösen. Die notwendige Identität in der möglichen Opferreaktion ergibt sich allein schon aus der Möglichkeit „mittelbarer" Drohungen. Danach reicht es für die Annahme einer Drohung nach § 241 I StGB aus, dass der Drohende die Drohung einem Dritten gegenüber ausspricht, von dem der Drohende die Weiterleitung an den zu Bedrohenden erwartet[263]. Die Weiterleitung der Drohung durch den Dritten stellt sich aus dessen Sicht als Warnung dar und ist nichts anderes als eine Anzeige im Sinne des § 138 StGB. Das Opfer erhält somit eine Information, die sich zugleich als Warnung des Dritten und als Drohung des Täters darstellt. Es ist offensichtlich, dass die möglichen Folgen einer solchen Anzeige mit denen einer Drohung übereinstimmen müssen. Wenn die Folgenidentität notwendig zu einer Identität des Erfolgsunwertes führte, würde derselbe Erfolgsunwert in einem Fall bestraft und in einem anderen Fall unter Androhung von Strafe gefordert, was einen Wertungswiderspruch darstellte. So fragt denn auch Schroeder, wie es sein kann, dass die Mitteilung der Bedrohung durch den Täter strafbar, für jeden Dritten hingegen eine Pflicht ist[264].

(3.2) Derselbe Erfolgsunwert?

Die Mitteilung der Bedrohung durch den Täter kann, obwohl sie für jeden Dritten eine Pflicht ist, aus folgendem Grunde strafbar sein: Auch wenn die Folgen für das Opfer bei Warnung und Drohung übereinstimmen können, bedeutet das nicht zwangsläufig, dass der geschaffene Zustand in beiden Fällen rechtlich gleich bewertet werden, also denselben Erfolgsunwert haben muss. Während bei der Frage nach der Angemessenheit eines Verbotes ein Erfolgsunwert bejaht werden musste, weil der Täter den Schutz der bedrohten, existentiellen Rechtsgüter mit Sicherheit und ohne die Versetzung in Angst und Schrecken durch bloße Aufgabe seines Verbrechensplans erreichen kann, hat der Dritte diese Möglichkeit nicht. Dem Dritten stehen keine anderen Mittel als die Mitteilung des Verbrechensplans zur Verfügung. Auch die Anzeige bei einer Behörde führt letztendlich zur Weiterleitung der Information an den Bedrohten. Für den Anzeigenden ist die Anzeige daher das einzige Mittel, um den Schutz der bedrohten Rechtsgüter zu erreichen. Auch wenn die Rettungschancen unsicher sind, hat die nicht notwendig eintretende Verletzung eines nicht existentiellen Rechtsgutes, das zudem als reparabler Dauerzustand erscheint, hinter der möglichen Verletzung existentieller Rechtsgüter zurückzustehen. Damit lässt sich die Versetzung in Angst und Schrecken nicht rechtlich missbilligen. Das Schutzgut des

262 *Schroeder*, Strafrecht BT II, § 98 Rn. 4.
263 *Eser* in S/S, § 241 Rn. 6.
264 *Schroeder*, Die Bedrohung mit Verbrechen, S. 672.

§ 241 StGB tritt somit hinter das überwiegende Interesse an dem Schutz existentieller Rechtsgüter zurück. Ein Erfolgsunwert ist in den Fällen des § 138 StGB somit nicht gegeben. Daher stellt es keinen Widerspruch dar, in den Fällen des § 138 StGB die Mitteilung zu fordern, in den Fällen der ernst gemeinten Drohung diese Mitteilung jedoch zu verbieten[265].

(3.3) Unmaßgeblichkeit der Motivation des Anzeigenden

Dieses Ergebnis lässt sich auch nicht durch einen Hinweis darauf verändern, dass der Warnende unter Umständen dieselbe böse Gesinnung im Hinblick auf das Freisein von Angst und Schrecken haben kann wie der böswillig Drohende. Denn eine rettungsfremde Motivation führt selbst in den Fällen der Rechtfertigungsgründe richtigerweise nicht dazu, dass eine Rechtfertigung wegen Fehlens des subjektiven Rechtfertigungselementes entfiele, solange der Handelnde Kenntnis von der Rechtfertigungslage hat[266]. Der Anzeigende weiss immer, dass seine Information helfen kann. Andernfalls wird sie von § 138 StGB nicht gefordert („zu einer Zeit, zu der die Ausführung noch abgewendet werden

[265] Diese Erkenntnis entscheidet auch die Diskussion im Rahmen des § 138 StGB darüber, ob neben dem unbeteiligten Dritten auch Teilnehmer von der Anzeigepflicht erfasst sind. Ausgangspunkt dieser Diskussion ist die Feststellung, dass Schutzgut des § 138 StGB nicht die Rechtspflege, sondern das durch die geplante Tat betroffene Rechtsgut ist (*Schroeder*, Strafrecht BT II, § 98 Rn. 6). Mit dem Rechtsgut allein lässt sich ein Ausschluss der Teilnehmer nicht mehr begründen (*Schroeder*, Strafrecht BT II, § 98 Rn. 17). Vielmehr scheint sich § 138 StGB vor ihrer Strafbarkeit wegen Versuchs und Vollendung einzureihen und Ausdruck einer allgemeinen Regel zu sein: Teilnehmer haben die bevorstehende Tat von Anfang an zu verhindern. Vor Versuchsbeginn wird die fehlende Verhinderungsbemühung über § 138 StGB bestraft, danach kann sie nicht mehr zur Straflosigkeit gem. § 24 II StGB führen. Die Idee einer Verpflichtung zur Verhinderung in jedem Stadium ist auch von Schmidhäuser aufgegriffen worden (*Schmidhäuser*, Über die Anzeigepflicht des Teilnehmers, S. 692 f, 697), der dementsprechend die Anzeigepflicht auf die Teilnehmer ausdehnt (*Schmidhäuser*, a.a.O., S. 694). Allerdings wird ein entscheidender Umstand übersehen. Während die Wahl der von § 24 II StGB verlangten Verhinderungsmaßnahmen dem Teilnehmer freigestellt ist, wird sie in § 138 StGB vorgeschrieben. Der Beteiligte wird nicht zur Verhinderung verpflichtet, sondern zur Mitteilung. Solange der Beteiligte jedoch durch Rücknahme seines Tatbeitrages oder Distanzierung von der Tat die Begehung verhindern kann, ist die Mitteilung kein erforderliches Mittel (siehe oben C I 2 (2.22)). Sie darf daher, um einen Wertungswiderspruch zu § 241 I StGB zu verhindern, erst gefordert werden, wenn dem Teilnehmer die Verhinderungsmöglichkeit durch Rücknahme des Tatbeitrages nicht mehr zur Verfügung steht. Nach Rücknahme des Beitrages ist er in Bezug auf den vom Täter aufrechterhaltenen Plan wie jeder Dritte zu behandeln. Da die Anzeigepflicht somit erst zu einem Zeitpunkt entsteht, zu dem der Teilnehmer keiner mehr ist, sind folglich nur Dritte von der Anzeigepflicht des § 138 StGB erfasst.

[266] *Roxin*, Strafrecht AT, § 14 Rn. 94 ff.

kann“)[267]. Daher konnte der Gesetzgeber bei Normierung der Anzeigepflicht auf Gesinnungsmerkmale verzichten, ohne sich in einen Widerspruch zu § 241 StGB zu setzen.

(3.4) Ergebnis

Somit lässt sich festhalten, dass die Mitteilung im Rahmen des § 138 StGB im Gegensatz zur Bedrohung nach § 241 I StGB nicht zu einem rechtlich missbilligten Zustand führt. Ein Wertungswiderspruch liegt mithin nicht vor.

(4) Ergebnis

Das Verbot von Drohungen ist sowohl in den Fällen der nicht ernst gemeinten als auch in den Fällen der ernst gemeinten Drohungen legitim. Die in der ernst gemeinten Drohung enthaltene Information kann nicht zur Billigung der Rechtsgutsverletzung führen, da die Mitteilung der Information für den Täter nicht das einzige Mittel zum Schutz der bedrohten Rechtsgüter ist. Für jeden Dritten stellt sie jedoch das einzige Mittel dar, so dass ein Erfolgsunwert in den Fällen der Anzeige nach § 138 StGB verneint werden muss und somit kein Wertungswiderspruch zwischen dem Verbot der ernst gemeinten Drohung und der Anzeigepflicht des § 138 StGB besteht.

3. Legitimation von Strafe

(1) Einleitung

Es stellt sich die Frage, ob zum Schutze des Rechtsguts „Freisein von Angst und Schrecken“ der Bruch der Verhaltensnorm bestraft werden darf. Das setzt eigentlich eine Prüfung in zwei Schritten voraus: Zunächst müsste die grundsätzliche Verhältnismäßigkeit von Strafe für reine Drohungen und dann die ihrer konkreten Ausformung in § 241 I StGB überprüft werden. Da jedoch die von § 241 I StGB vorgesehene Rechtsfolge – Freiheitsstrafe bis zu einem Jahr oder Geldstrafe – eine geringe Strafe vorsieht und der Gedanke an eine Erhöhung abwegig ist, erübrigt sich diese Unterteilung. Denn wenn Strafe grundsätzlich verhältnismäßig ist, dann steht damit zugleich fest, dass ihre Konkretisierung in

[267] Der Fall, dass jemand wissentlich vor einem Verbrechen warnt, dessen Ausführung nicht mehr abgewendet werden kann, und damit lediglich die Versetzung des Opfers in Angst und Schrecken beabsichtigt, ist zwar denkbar, aber er führt allenfalls zu der Frage, ob der Schutz des Rechtsgutes „Freisein von Angst und Schrecken“ weiter ausgedehnt werden muss, nicht jedoch dazu, dass das Verbot ernst gemeinter Drohungen aufgegeben werden muss.

mildester Form ebenfalls verhältnismäßig ist[268]. Nachfolgend gilt es daher festzustellen, ob Strafe für reine Drohungen verhältnismäßig ist. Um dies beurteilen zu können, ist es zunächst notwendig, sich über die Bedeutung der Strafe Klarheit zu verschaffen. Anschließend wird im Rahmen der Erforderlichkeit auf die Idee einer Wiedergutmachung auf der Grundlage des Alternativ-Entwurfs Wiedergutmachung (AE-WGM) hingewiesen. In der nachfolgenden Überprüfung der Angemessenheit wird die Illegitimität der Ausgestaltung des Bedrohungstatbestandes als abstraktes Gefährdungsdelikt herausgearbeitet und ein Vorschlag für die Neugestaltung des § 241 StGB in Form eines Erfolgsdeliktes gemacht.

(2) Bedeutung der Strafe

Nach herrschender Ansicht ist Strafe nicht lediglich ein Übel, das dem Täter wegen seiner Tat widerfährt. Vielmehr stellt sie einen qualifizierten rechts- oder sozialethischen Tadel dar[269]. Strafe soll nämlich nicht jeden Verhaltensnormbruch erfassen, sondern nur die besonders gravierenden Verhaltensnormbrüche[270]. Andernfalls ließen diese sich nicht mehr qualitativ durch Bezeichnung als Straftat, sondern nur noch quantitativ durch die Höhe der Strafe von den weniger gravierenden Verhaltensnormbrüchen unterscheiden[271]. Gerade aber im Verhältnis der Bagatelle und der kriminellen Untat wird deutlich, dass nur eine qualitative Unterscheidung der Natur der Sache gerecht werden kann[272].

(3) Geeignetheit

Strafe ist dann ein geeignetes Mittel, wenn sie dem Rechtsgüterschutz als Aufgabe des Strafrechts dienen kann. Diesen Schutz kann Strafe erreichen, indem sie generalpräventive und spezialpräventive Zwecke verfolgt[273]. Diese Zwecke lassen sich kombinieren, so dass die konkrete Strafe beiden Zwecken dienen kann, zumindest aber einem dieser Zwecke dienen muss[274].

---

[268] Zwar gibt es im Strafgesetzbuch einen Tatbestand, in dem ein noch milderer Strafrahmen vorgesehen ist – Freiheitsstrafe bis zu 6 Monaten oder Geldstrafe bis zu einhundertachtzig Tagessätzen für die Fälschung von Wahlunterlagen (§ 107 b StGB). Dies ändert jedoch nichts daran, dass die Strafe des § 241 I StGB unbedenklich ist, wenn Strafe für Drohungen grundsätzlich verhältnismäßig ist.

[269] BGHSt 5, 28 (32); BVerfGE 22, 49 (79); 25, 269 (286); *Bockelmann*, Strafrecht AT, S. 2 f; *Frisch*, An den Grenzen des Strafrechts, S. 86; *derselbe* in: Strafbarkeitsvoraussetzungen einer modernen Strafgesetzgebung, S. 220 ff; *Kindhäuser*, Personalität, Schuld und Vergeltung, GA 1989, 493 ff; *Noll*, Die ethische Begründung der Strafe, S. 17 ff mit weit. Nachw.

[270] *Frisch*, An den Grenzen des Strafrechts, S. 85 ff.

[271] *Frisch* ebenda.

[272] Vgl. *Frisch* ebenda.

[273] Ausführlich zu den Strafzwecken: *Roxin*, Strafrecht AT, § 3 I.

[274] *Roxin*, Strafrecht AT, § 3 Rn. 37 ff.

Ob die Bestrafung einer Drohung einen dieser Zwecke verfolgen kann, darf nicht im Hinblick auf die angedrohte Tat geprüft werden. § 241 I StGB wendet sich nicht der angedrohten Tat, sondern dem durch die Drohung verletzten Rechtsgut „Freisein von Angst und Schrecken“ zu. Im Hinblick auf dieses Rechtsgut gilt es zu fragen, ob Strafe seinem Schutz gerecht werden kann.
Hier ist davon auszugehen, dass die Androhung von Strafe auf potentielle Täter abschreckend wirkt, sowie die Vollstreckung von Strafe das Vertrauen der Bevölkerung in das Recht wiederherstellen kann. Die Strafe ist daher ein geeignetes Mittel.

(4) Erforderlichkeit

(4.1) Begriff

Strafe ist dann erforderlich, wenn der Schutz des Rechtsgutes nicht durch ein anderes, gleich wirksames, aber weniger belastendes Mittel erreichbar ist[275]. Diese in der staatsrechtlichen Literatur völlig unbestrittene Definition wird im Bereich des Strafrechts, das ja lediglich einen Teilbereich des öffentlichen Rechts darstellt[276], häufig mit normativen Überlegungen vermischt, die erst im Rahmen der Angemessenheit zu überprüfen sind. Das liegt teilweise daran, dass nicht nur mit den Begriffen der Erforderlichkeit und Angemessenheit, sondern mit dem älteren Begriffspaar „Strafbedürftigkeit“ und „Strafwürdigkeit“ gearbeitet wird[277]. So führt Jescheck aus, „daß die Strafe das einzige Mittel sein muß, um die Gemeinschaftsordnung gegen Angriffe der betreffenden Art hinreichend zu schützen (Strafbedürftigkeit).“[278] Auf der Stufe der Erforderlichkeit ist die Frage eines „hinreichenden“, „ausreichenden“ oder „unerlässlichen“ Schutzes jedoch noch nicht zu prüfen. Vielmehr stellt sich lediglich die Frage nach dem Mittel, das bei gleicher Eignung zugleich das mildeste ist. Ob das meist geeignete Mittel dann auch verhältnismäßig ist, oder nicht doch vielleicht ein weniger geeignetes Mittel zum Schutz des Rechtsguts ausreicht, ist im Rahmen der Angemessenheit zu prüfen. Es stellt sich hier somit nur die Frage nach anderen, gleich geeigneten Mitteln, die in die Freiheit des Bürgers weniger einschneiden.

[275] Vgl. beispielsweise *Pieroth/Schlink*, Grundrechte, Rn. 285. Speziell für das Strafrecht: *Rudolphi* in SK, vor § 1 Rn. 14.
[276] Vgl. beispielsweise *Jescheck*, Lehrbuch des Strafrechts AT, § 3 I; *Roxin*, Strafrecht AT, § 1 Rn. 5.
[277] Vgl. die Erläuterungen bei *Frisch*, An den Grenzen des Strafrechts, S. 69, 77.
[278] *Jescheck*, Lehrbuch des Strafrechts AT, § 7 I 1 a.

(4.2) Die Wiedergutmachung

Als milderes, gleich geeignetes Mittel kommt die Wiedergutmachung in Betracht. Bei der Wiedergutmachung handelt es sich um eine neuartige Sanktionsmöglichkeit, die noch nicht in das Strafrecht eingebaut worden ist, aber als sog. „dritte Spur des Strafrechts" von vielen Wissenschaftlern gefordert wird[279]. Sie ist zwischen dem völligen Verzicht auf strafrechtliche Reaktion und Strafe anzusiedeln[280]. Dabei handelt es sich nach dem hier zugrundegelegten Verständnis des Alternativ-Entwurfs Wiedergutmachung (AE-WGM) um eine freiwillige Leistung des Täters (§ 1 S. 1 AE-WGM). Sie dient der Wiederherstellung des Rechtsfriedens (§ 1 S. 2 AE-WGM). Als Wiedergutmachungsleistungen kommen namentlich Schadensersatz und immaterielle Leistungen wie Entschuldigungen oder Versöhnungsgespräche in Betracht (§ 2 AE-WGM). Im Falle der Drohung kommt daher in erster Linie eine immaterielle Leistung in Form eines Versprechens des Täters an das Opfer, die angedrohte Tat nicht auszuführen, in Betracht, um so dem Opfer die Angst vor der Ausführung wieder zu nehmen[281]. Damit richtet sich die Betrachtung auf die Wiedergutmachung eines bereits angerichteten Schadens.

Die Wiedergutmachung verfolgt nach Ansicht ihrer Befürworter sowohl generalpräventive als auch spezialpräventive Zwecke[282]. Durch die Wiedergutmachung werde das aufgrund des Delikts entstandene Gefühl der Beunruhigung über den Normbruch und des Gefährdetseins in der Gemeinschaft durch die Versöhnung zwischen Täter und Opfer wieder aufgehoben[283]. Somit würden Vertrauen und Befriedung erreicht, beides Zwecke der positiven Generalprävention[284]. Daneben müsse sich der Täter mit dem von ihm angerichteten Schaden auseinandersetzen[285]. Dieses „soziale Lernen" könne zur Resozialisierung,

---

[279] *Roxin*, Strafrecht AT, § 3 Rn. 65. Zu den Befürwortern der Wiedergutmachung zählen unter anderem Jürgen Baumann, Anne-Eva Brauneck, Manfred Burgstaller, Albin Eser, Barbara Huber, Heike Jung, Ulrich Klug, Horst Luther, Werner Maihofer, Bernd-Dieter Meier, Peter Rieß, Franz Riklin, Dieter Rössner, Klaus Rolinski, Claus Roxin, Heinz Schöch, Horst Schüler-Springorum und Thomas Weigend, die gemeinsam den Alternativ-Entwurf Wiedergutmachung (AE-WGM) 1992 vorlegten.

[280] Alternativ–Entwurf Wiedergutmachung, S. 23 f.

[281] Vgl. *Schimmel*, Täter-Opfer-Ausgleich als Alternative?, S. 33: „Dem Geschädigten kann eventuell die Angst genommen werden, noch einmal von dem Beschuldigten geschädigt zu werden."

[282] Alternativ–Entwurf Wiedergutmachung, S. 26; *Schimmel*, Täter-Opfer-Ausgleich als Alternative?, S. 31 ff mit weit. Nachw.

[283] Alternativ–Entwurf Wiedergutmachung, S. 26; *Schimmel*, Täter-Opfer-Ausgleich als Alternative?, S. 32.

[284] Alternativ–Entwurf Wiedergutmachung, S. 26; *Roxin*, Strafrecht AT, § 3 Rn. 26 f; *Schimmel*, Täter-Opfer-Ausgleich als Alternative?, S. 32.

[285] Alternativ–Entwurf Wiedergutmachung, S. 26; *Schimmel*, Täter-Opfer-Ausgleich als Alternative?, S. 36.

zur Rechtstreue des Täters führen[286]. Damit werde der Spezialprävention effektiver als mit Strafe gedient[287]. Erfahrungen aus den USA zeigten, dass Täter, die sich um Wiedergutmachung bemüht haben, seltener rückfällig werden als Täter, die sich nicht um das Opfer kümmerten[288].
Kritiker führen hingegen an, dass die spezialpräventive Wirkung zweifelhaft sei[289]. Außerdem hätten Studien aus den USA „eher enttäuschende" Ergebnisse hinsichtlich einer an Rückfallinzidenz zu messenden Präventivwirkung ergeben[290]. Darüber hinaus wird vorgebracht, dass der Wiedergutmachung der Zweck der negativen Generalprävention entgegenstehe, da ein Abschreckungseffekt in der Bevölkerung auf diese Weise nicht erreicht werden könne[291].
Die Entscheidung für oder wider die Wiedergutmachung hängt somit von der grundsätzlichen Wertung der unterschiedlichen Strafzwecke[292] und den Erfahrungen ab, die mit dieser Maßnahme gemacht wurden. Gerade im Falle der ernst gemeinten Drohung überzeugt jedoch vor allem das folgende Argument, das die Wiedergutmachung im Vergleich zur Strafe als das im Einzelfall geeignetere Mittel zum Schutz des Rechtsgutes „Freisein von Angst und Schrecken" erscheinen lässt. Wenn eine Drohung ernst gemeint ist, führt die Verletzung des Schutzgutes zu einem Dauerzustand. Angst und Schrecken des Opfers lassen sich durch eine kurze Freiheitsstrafe oder eine Geldstrafe nicht aus der Welt schaffen. Im Gegenteil: Das Opfer muss sich sogar Sorgen machen, ob die Strafe den Hass und die Rachsucht des Täters vielleicht nur verstärkt und dieser die Drohung nun erst recht wahr machen werde[293]. Einzig das ernst gemeinte, aufrichtige Versprechen des Täters, die Tat nicht ausführen zu wollen, kann dem Opfer die Angst wieder nehmen. Strafe ist dazu nicht in der Lage. In den Fällen der ernst gemeinten Drohung ist die Wiedergutmachung in Form eines Versprechens mithin das geeignetere Mittel zum Schutze des einmal verletzten Rechtsguts „Freisein von Angst und Schrecken".

---

[286] Alternativ–Entwurf Wiedergutmachung ebenda.

[287] Alternativ–Entwurf Wiedergutmachung, S. 19; vgl. *Schimmel*, Täter-Opfer-Ausgleich als Alternative?, S. 37: „Danach ist der Täter-Opfer-Ausgleich auch in spezialpräventiver Hinsicht besser geeignet als eine Hauptverhandlung."

[288] Alternativ–Entwurf Wiedergutmachung ebenda.

[289] *Schimmel*, Täter-Opfer-Ausgleich als Alternative?, S. 43. Vgl. allg. zur Kritik an der Wiedergutmachung: *Schimmel*, Täter-Opfer-Ausgleich als Alternative?, S. 37 ff mit weit. Nachw. und *Walther*, Vom Rechtsbruch zum Realkonflikt, § 6 mit weit. Nachw.

[290] *Walther*, Vom Rechtsbruch zum Realkonflikt, S. 118.

[291] *Schimmel*, Täter-Opfer-Ausgleich als Alternative?, S. 43.

[292] Vgl. *Walther*, Vom Rechtsbruch zum Realkonflikt, S. 115: „Wer etwa nichts vom Strafzweck der Spezialprävention hält, den wird ein noch so ausgefeiltes Argument über die spezialpräventive Eignung der Wiedergutmachung nicht davon überzeugen können, daß sich die Strafrechtspflege künftig verstärkt in diese Richtung orientieren sollte."

[293] Vgl. *Spendel*, Zum Problem der Bedrohung, S. 207 f.

Allerdings kann die Wiedergutmachung Strafe trotz allem nicht entbehrlich machen. Indem sie nämlich eine freiwillige Leistung darstellt, kann sie nur erfolgen, wenn der Täter sie auch will. Entscheidet sich der Täter gegen eine Wiedergutmachung, muss es selbstverständlich eine andere Reaktionsmöglichkeit geben. Wiedergutmachung kann daher nicht an die Stelle der Strafe treten, sondern lediglich im Einzelfall zu ihrer Aussetzung oder Milderung führen (vgl. §§ 4, 5 AE-WGM). Wenn jedoch die Wiedergutmachung im Einzelfall den Strafzwecken und den Bedürfnissen des Opfers ebenso gut oder besser gerecht wird als Strafe allein, dann kann Strafe für diesen Fall nicht mehr als erforderlich bezeichnet werden. Um damit die Rechtsfolge des § 241 StGB nicht als unverhältnismäßig erscheinen zu lassen, muss dem Täter zumindest die Möglichkeit gegeben werden, in diesen Fällen die Folgen seiner Tat durch eine freiwillige Leistung wieder gutmachen zu können. Da diese Ausführungen auch für die Fälle der falschen Warnungen gelten, wäre eigentlich § 241 StGB durch einen weiteren Absatz zu ergänzen. Allerdings führte dies dazu, dass § 241 StGB zu einer sehr langen und komplizierten Vorschrift würde. Was der AE-WGM in vielen Paragraphen regelt, kann kaum in einem Absatz des § 241 StGB untergebracht werden. Daher ist es sachdienlicher, die Wiedergutmachung im allgemeinen Teil des Strafrechts zu regeln. Auf einen Formulierungsvorschlag für § 241 StGB wird daher verzichtet und auf den Vorschlag des AE-WGM verwiesen.

(5) Angemessenheit

(5.1) Einleitung

Im Rahmen der Angemessenheit erfolgt die Abwägung aller tangierten Interessen. Rudolphi spricht von dem „Prinzip des überwiegenden Interesses“[294]. Andere sprechen von Strafwürdigkeit und wägen den in der Strafe liegenden Tadel mit Art und Gewicht der Tat ab, wobei sich letzteres vor allem aus dem Wert des Rechtsgutes, der Gefährlichkeit des Angriffs und der Verwerflichkeit der Tätergesinnung ergebe[295]. In der Tat sind Art und Gewicht der Tat mit dem in der Strafe liegenden gewichtigen sozialethischen Vorwurf abzuwägen um festzustellen, ob die einfache Drohung einen besonders gewichtigen Verhaltensnormverstoß darstellt. Mit den Hinweisen auf den Wert des verletzten Rechtsguts, der Gefährlichkeit des Angriffs und der Tätergesinnung sind lediglich einzelne Aspekte aufgezählt, die den Unwert einer Tat ausmachen, wobei der Wert des verletzten Rechtsgutes die Grundlage des Erfolgsunwertes ist, während die Tätergesinnung den Handlungsunwert bestimmt[296]. Daher wird nachfolgend

[294] *Rudolphi* in SK, vor § 1 Rn. 15.
[295] *Jescheck*, Lehrbuch des Strafrechts AT, § 7 I 1. Vgl. auch *Frisch*, An den Grenzen des Strafrechts, S. 86 f.
[296] Vgl. *Roxin*, Strafrecht AT, § 10 Rn. 89.

herausgearbeitet, woraus sich bei der reinen Drohung der Unwert ergibt und wie schwer dieser wiegt.

(5.2) Ausgestaltung des § 241 StGB als abstraktes Gefährdungsdelikt

§ 241 I StGB ist als abstraktes Gefährdungsdelikt ausgestaltet. Der Grund für diese Konstruktion lag in reinen Zweckmäßigkeitsüberlegungen[297]. Denn nur der Bedrohte könne sagen, ob er durch die Drohung im konkreten Fall in Angst und Schrecken versetzt worden ist. Dieser Ansicht haben sich einige der älteren Stimmen der Literatur angeschlossen. So meint Hug von Schlieren, dass man es unmöglich dem Bedrohten allein überlassen könne zu erklären, ob die Drohung sich als eine ernstliche erwiesen habe oder nicht[298]. Weil der Nachweis der Furchterregung so schwierig sei, müsse man ohne dieses Merkmal auskommen können[299]. Auch Bayrhammer schloss sich diesen kriminalpolitischen Überlegungen an[300]. Um guten Gewissens auf den Nachweis eines Erfolges verzichten zu können, schränkte der Gesetzgeber den Gegenstand der Drohungen auf Verbrechen ein, da er davon ausging, dass eine Drohung mit einem Verbrechen an sich immer geeignet sei, das Rechtsgut zu verletzen[301].
Mit dem Verzicht auf einen Erfolg ist jedoch ein Absinken des Unwertgehaltes verbunden[302]. Der verbleibende Unrechtsgehalt ist derart verringert, dass eine Handlung nur dann legitimerweise zum Anlass eines strafrechtlichen Vorwurfs genommen werden kann, wenn Gegenstand eine unangemessen gefährliche Einzelhandlung ist, die zu gravierenden Schadensereignissen führen kann[303]. Schü-

[297] Vgl. *Bayrhammer*, Das Delikt der Bedrohung, S. 20; *Hug von Schlieren*, Die Drohung im Strafrecht, S. 69.
[298] *Hug von Schlieren*, Die Drohung im Strafrecht, S. 36. Dagegen ist folgendes zu sagen: Der Versuch, Unsicherheiten und Willkür des Opfers aus dem Weg zu gehen, führt durch die Ausgestaltung der reinen Drohung als Privatklagedelikt durch die StPO genau zum gegenteiligen Erfolg. Es wird dem Opfer überlassen zu sagen, wann eine erhebliche Störung des sozialen Lebens vorliegt, an deren Verfolgung die Gesellschaft ein Interesse hat. Das Opfer hat es in der Hand, auch in den Fällen Bestrafung zu erreichen, in denen eine Verletzung des Rechtsguts nicht vorliegt, das Opfer aber die Bestrafung, vielleicht aus Rache, dennoch „wünscht“. Bei der Ausgestaltung der reinen Bedrohung als Erfolgsdelikt müsste das Opfer wenigstens glaubhaft machen, dass es in Angst und Schrecken versetzt worden ist. Somit wird der Täter erst durch die Ausgestaltung des abstrakten Gefährdungsdelikts als Privatklagedelikt der Willkür des Opfers ausgesetzt.
[299] *Hug von Schlieren*, Die Drohung im Strafrecht, S. 69.
[300] *Bayrhammer*, Das Delikt der Bedrohung, S. 20.
[301] *Hug von Schlieren*, Die Drohung im Strafrecht, S. 69; siehe auch RGSt 3, 73: „Das Gesetz geht davon aus, daß eine solche Bedrohung mit der Vornahme einer als Verbrechen sich darstellenden Handlung an sich geeignet ist, den Rechtsfrieden des Bedrohten zu stören, in ihm die Furcht vor der Verwirklichung der Drohung hervorzurufen.“
[302] *Kuhlen*, Zum Strafrecht der Risikogesellschaft, S. 362.
[303] *Kuhlen* ebenda.

nemann spricht von „unerträglich gefährlichen Handlungen“[304]. Gesetzgeberisches Motiv für die Ausgestaltung eines Straftatbestandes als abstraktes Gefährdungsdelikt sollten daher nicht Zweckmäßigkeitserwägungen, sondern die Verhütung von „Großgefahren“ sein.[305]
Ein anderes Motiv als das reiner Zweckmäßigkeitsüberlegungen lag jedoch im Falle der Bedrohung nicht vor, da sie keine unerträglich gefährliche Handlung darstellt, die zu gravierenden Schadensereignissen im Sinne einer „Großgefahr“ führen kann. Bereits dadurch wird deutlich, dass § 241 I StGB nicht als abstraktes Gefährdungsdelikt, sondern als Erfolgsdelikt ausgestaltet sein sollte.
Dieses Ergebnis wird durch einen genaueren Blick auf die von § 241 I StGB erfassten Fälle bestätigt. Als abstraktes Gefährdungsdelikt fallen unter den Bedrohungstatbestand auch die Fälle, in denen der Drohende den Bedrohten als furchtlosen, ihm an Kräften weit überlegenen Mann kennt, so dass eine Versetzung in Angst und Schrecken ausgeschlossen ist[306].

> Beispiel: Der Halbstarke T unterliegt in einem Wortgefecht dem wesentlich stärkeren und furchtlosen Freund der Frau, die er für sich gewinnen wollte. Vor ihr hat er sich nun lächerlich gemacht. Er versucht daher sein Gesicht zu wahren, indem er auf den Freund deutend schreit: „Ich werde dich kalt machen!“ Er will die Ankündigung nicht wahr machen und weiss auch, dass sich O davon nicht beeindrucken lassen wird. Er hofft aber, dass man wenigstens glaubt, er hätte es ernst gemeint, um als echter Mann zu erscheinen. O nimmt die Drohung ernst, fürchtet sich jedoch nicht.

Abgesehen von einem Erfolg verzichtet § 241 I StGB auch auf eine böse Gesinnung oder böse Absicht des Täters. Der Vorsatz muss sich nur auf die objektive Eignung seines Verhaltens zur Einschüchterung beziehen[307]. Dolus eventualis ist ausreichend und möglich, zum Beispiel wenn der Täter weiss, dass die nicht ernst gemeinte Drohung nach ihrer Beschaffenheit vom Adressaten als ernst aufgefasst werden könnte und er diesen möglichen Erfolg für den Fall seines Eintritts billigt[308]. Von § 241 I StGB sind daher auch die Fälle erfasst, in denen der Täter einen Scherz machen will und dabei in Kauf nimmt, dass der andere ihn missversteht und sein Verhalten ernst nimmt. Dies ist beispielsweise denkbar, wenn der Bedrohte nicht mit den Besonderheiten des lokalen Idioms vertraut ist[309]. In diesen Fällen ist der „Scherzende“ dem anderen nicht feindlich oder böse gesinnt.

---

[304] *Schünemann*, Geistige Situation der deutschen Strafrechtswissenschaft, S. 212.
[305] *Kuhlen*, Zum Strafrecht der Risikogesellschaft, S. 362.
[306] *Eser* in S/S, § 241 Rn. 2; *Schäfer* in LK, § 241 Rn. 11.
[307] *Schäfer* in LK, § 241 Rn. 11.
[308] *Schäfer* ebenda.
[309] *Schäfer* in LK, § 241 Rn. 11.

An den angeführten Beispielen zeigt sich, dass die Fassung des § 241 I StGB zu weitgehend ist. Insbesondere dann, wenn der Täter weiß, dass das Opfer nicht in Angst und Schrecken versetzt werden kann, ist neben dem Erfolgs- auch der Handlungsunwert gering. Dies gilt unabhängig davon, ob die Drohung ernst gemeint war oder nicht, doch verdient ein falsch verstandener, folgenloser Scherz einem Furchtlosen gegenüber erst recht keinen gewichtigen sozialethischen Tadel. Auch Bayrhammer stellt fest, dass die Drohung allein „zu wenig Erheblichkeit" zeigt, um Strafe zu fordern[310]. Ohne einen Erfolg und ohne das Erfordernis einer bestimmten feindlichen Gesinnung oder bösen Absicht ist die Untergrenze des Strafrechts nicht erreicht. Solche Taten sind nicht schwerwiegend genug, um den in der Strafe liegenden gewichtigen sozialethischen Vorwurf zu rechtfertigen. Sie dürfen mithin nicht als Straftaten qualifiziert werden.

(6) Ergebnis

Die Ausgestaltung des § 241 I StGB als abstraktes Gefährdungsdelikt ist im Hinblick darauf, dass keine unerträglich gefährliche Handlung vorliegt, die zu einer Großgefahr führen könnte, nicht legitimierbar. Der Bedrohungstatbestand sollte daher als Erfolgsdelikt neu formuliert werden. Mit dem Erfordernis eines Erfolges in Form der Versetzung des Opfers in Angst und Schrecken wäre grundsätzlich ein Erfolgsunwert gegeben. Darüber hinaus erhöhte sich der Handlungsunwert, da der Vorsatz des Täters nicht mehr nur die objektive Eignung seines Verhaltens zur Einschüchterung, sondern die Versetzung des Opfers in Angst und Schrecken umfassen müsste. Damit wäre sichergestellt, dass § 241 I StGB keine Fälle mehr erfasst, deren Unwertgehalt die Untergrenze des Strafrechts nicht erreicht. § 241 I StGB muss somit folgendermaßen lauten:

> Wer einen anderen Menschen durch Bedrohung mit der Begehung eines gegen ihn oder eine ihm nahestehende Person gerichteten Verbrechens in Angst und Schrecken versetzt, wird mit Freiheitsstrafe bis zu einem Jahr oder mit Geldstrafe bestraft.

Diese Erkenntnisse können auf § 241 II StGB übertragen werden, der ebenfalls als abstraktes Gefährdungsdelikt ausgestaltet ist, ohne dass eine unerträglich gefährliche Handlung vorläge, die zum Eintritt einer Großgefahr führen kann. Damit ergibt sich für Absatz 2 folgende Neuformulierung:

> Wer einen anderen Menschen durch die Vortäuschung wider besseren Wissens, dass die Verwirklichung eines gegen ihn oder eine ihm nahestehende Person gerichteten Verbrechens bevorstehe, in Angst und Schrecken ver-

[310] *Bayrhammer*, Das Delikt der Bedrohung, S. 19.

setzt, wird mit Freiheitsstrafe bis zu einem Jahr oder mit Geldstrafe bestraft.

Um die Verhältnismäßigkeit der Rechtsfolge in jedem Einzelfall wahren zu können, sollte jedoch die Möglichkeit der Wiedergutmachung nach den Vorschlägen des Alternativ-Entwurfs Wiedergutmachung in das Strafrecht eingeführt werden.

(7) Exkurs: Ausweitung der Strafbarkeit?

Nachdem festgestellt worden ist, dass Strafe ein legitimes Mittel ist, um Drohungen mit Verbrechen zu begegnen, stellt sich die Frage, ob diese Vorschrift nicht auf andere Gegenstände ausgedehnt werden sollte. Es ist auch schon herausgestellt worden, dass der Gesetzgeber nur deswegen den Gegenstand auf Verbrechen eingeengt hat, weil er in diesen Fällen davon ausgehen zu können meinte, dass der Bedrohte sich regelmäßig von der Drohung in Angst und Schrecken versetzen lassen wird[311]. Damit wollte er dem Nachweis eines Erfolges entgehen. Da dies nicht zulässig ist, die Versetzung in Angst und Schrecken also Tatbestandsmerkmal sein muss, stellt sich die Frage, ob der Gegenstand nicht auf jedes Übel im Sinne des § 240 StGB ausgedehnt werden sollte. Dass die Ankündigung eines jeden Übels zur Herbeiführung der Rechtsgutsverletzung bzw. zur Versetzung in Angst und Schrecken geeignet ist, wurde bereits in der älteren Literatur herausgestrichen[312]. Außerdem kann ein Verbrechen im Einzelfall durchaus weniger schwer wiegen als ein Vergehen[313]. Die Bedeutung der Einteilung ist daher heute ganz überwiegend nur noch formaler Art[314]. Die Ankündigung der Begehung eines Vergehens kann daher in gleicher Weise geeignet sein, das Rechtsgut „Freisein von Angst und Schrecken" zu verletzen, wie die eines Verbrechens.
Die Überlegungen einer Ausweitung der Strafbarkeit bleiben nicht nur auf den Gegenstand einer Drohung beschränkt; sie können vielmehr auch auf die Art der Mitteilung ausgeweitet werden. So sind nicht nur Drohungen, sondern auch falsche Warnungen in gleicher Weise zur Rechtsgutsverletzung geeignet. Diesem Umstand hat der Gesetzgeber mit der Normierung des § 241 II StGB Rechnung getragen. Man kann jedoch noch weitergehen und fragen, warum der Schutz des

---

311 Siehe oben C I 3 (5.2).

312 *Bayrhammer*, Das Delikt der Bedrohung, S. 15: „Furcht vor der Verwirklichung des angekündigten Übels kann durch jede Androhung eines jeden Nachteils ... erweckt werden"; *Hug von Schlieren*, Die Drohung im Strafrecht, S. 33: „So erscheint jede Ankündigung eines Übels ... als taugliches Mittel zur Begehung strafbarer Drohungen"; *Kleineberg*, Die Drohung als Mittel zur Begehung strafbarer Handlungen, S. 1 ff, 22 ff.

313 *Roxin*, Strafrecht AT, § 9 Rn. 6.

314 *Roxin* ebenda.

Rechtsguts „Freisein von Angst und Schrecken“ nicht auch auf die Vorspiegelung schwerer Krankheiten bei dem Opfer oder einer ihm nahestehenden Person und die Vortäuschung von drohenden Naturereignissen oder bösen Geistern ausgeweitet wird[315].

Bei diesem Ruf nach Ausweitung darf jedoch nicht übersehen werden, dass der Gesetzgeber, so lückenhaft und inkonsequent der Schutz des § 241 StGB auch sein mag, nur im Extremfall aus Art. 2 II 1 GG zur Ausdehnung der Strafbarkeit verpflichtet sein kann. Nur dann, wenn fundamentale Rechtsgüter nicht anders geschützt werden können als durch die Schaffung einer Strafvorschrift, kann eine Pflicht des Gesetzgebers angenommen werden[316]. Vorliegend ist somit die Entscheidung des Gesetzgebers zu akzeptieren, nur die Angriffe auf das Rechtsgut in Form der Drohung mit einem und der falschen Warnung vor einem Verbrechen zu bestrafen. Nachfolgend soll daher nur kurz angedeutet werden, wie die Strafbarkeit ausgeweitet werden kann.

Ein Straftatbestand, der das Freisein von Angst und Schrecken umfassend schützen soll, muss die Versetzung eines anderen Menschen in Angst und Schrecken zum Kern des objektiven Tatbestandes machen. Um jedoch die Handlungsfreiheit des „Täters“ nicht in verfassungswidriger Weise einzuschränken und um strafwürdige von strafrechtlich unbedenklichen Verhaltensweisen zu trennen, ist der Tatbestand zu begrenzen. So kann, in Anlehnung an den Nötigungstatbestand, zunächst ein Standhalten des Opfers in besonnener Selbstbehauptung verlangt werden, um ungewöhnliche Reaktionen eines überängstlichen Menschen auszuschließen[317]. Damit ist nur die Versetzung des Opfers in Angst und Schrecken mittels eines empfindlichen Übels strafrechtlich relevant[318]. Des weiteren kommt zur Strafbarkeitsbegrenzung in Betracht, nur die Versetzungen des Opfers in Angst und Schrecken zu bestrafen, die verwerflich sind[319]. Grundlage einer solchen Beurteilung muss eine umfassende Abwägung unter

[315] *Glaser*, Abhandlungen aus dem Oesterreichischen Strafrecht, S. 11; *Schroeder*, Die Bedrohung mit Verbrechen, S. 671.

[316] BVerfGE 39, 1, 47: „Im äußersten Falle, wenn nämlich der von der Verfassung gebotene Schutz auf keine andere Weise zu erreichen ist, kann der Gesetzgeber verpflichtet sein, zum Schutz des sich entwickelnden Lebens das Mittel des Strafrechts einzusetzen. ... Jedoch muß auch dieses letzte Mittel [die Strafnorm] eingesetzt werden, wenn anders ein effektiver Lebensschutz nicht zu erreichen ist. Dies fordern der Wert und die Bedeutung des zu schützenden Rechtsgutes.“ Selbst in der Frage der Abtreibung gesteht das Bundesverfassungsgericht jetzt dem Gesetzgeber die Möglichkeit zu, dass werdende Leben anders als durch das Strafrecht zu schützen (BVerfGE 88, 203).

[317] Vgl. *Eser* in S/S, § 240 Rn. 9.

[318] Unter einem Übel ist jede Zufügung von Nachteilen zu verstehen, was dann als empfindlich zu betrachten ist, wenn der zu befürchtende Nachteil geeignet ist, einen besonnenen Menschen in Angst und Schrecken zu versetzen (vgl. *Eser* in S/S, § 240 Rn. 9).

[319] Auch bei der Nötigung dient eine Verwerflichkeitsklausel zur Begrenzung des Tatbestandes und hat damit grundrechtssichernde Funktion (*Eser* in S/S, § 240 Rn. 9).

Berücksichtigung sämtlicher Umstände des Einzelfalls sein[320]. Ein Tatbestand, der das Freisein von Angst und Schrecken weitgespannt schützt, könnte daher folgendermaßen lauten:

> Wer einen anderen Menschen auf verwerfliche Weise mittels der Androhung eines empfindlichen Übels in Angst und Schrecken versetzt, wird mit Freiheitsstrafe bis zu einem Jahr oder mit Geldstrafe bestraft.

II. Legitimation strafrechtlicher Reaktion in Bezug auf die angedrohte Tat

1. Legitimation von Sicherungsmaßnahmen

(1) Einleitung

Bisher war der Anknüpfungspunkt der Frage nach einer strafrechtlichen Reaktion die Androhung eines Verbrechens als solche, nicht jedoch das angedrohte Verbrechen. Doch auch im Hinblick auf die angedrohte Tat ist es denkbar, dass ernst gemeinte Drohungen strafrechtliche Beachtung finden können. Diesmal jedoch nicht als Schuldvorwurf, sondern als Anlass für Verhinderungs- oder Sicherungsmaßnahmen. Denn auch wenn die Verhinderung zukünftiger Straftaten sich im Kern als präventivpolizeiliche Maßnahme darstellt, ist sie teilweise, nämlich in Form der Maßnahmen der Besserung und Sicherung, kompetenziell der Strafrechtspflege zugeordnet und im StGB geregelt[321]. Jedoch sind mit dem Vorliegen einer Drohung die Voraussetzungen der in § 61 StGB aufgezählten Maßnahmen der Besserung und Sicherung noch nicht erfüllt, da mit der ernst gemeinten Drohung keine Anlasstat im Sinne des Maßregelrechts gegeben ist[322]. In den Fällen der ernst gemeinten Drohungen stellt das Strafrecht daher keine Möglichkeit zur Verhinderung der angedrohten Tat und mithin auch keinen Schutz für denjenigen, der Opfer der Tat werden würde, zur Verfügung. Das Opfer wird in diesen Fällen aber nicht nur vom materiellen Strafrecht „im Stich gelassen". Die Voraussetzungen der Untersuchungshaft liegen ebenfalls nicht vor, da Flucht- oder Verdunkelungsgefahr im Hinblick auf die Bedrohung und nicht im Hinblick auf die angedrohte Tat bestehen muss[323]. Ebenso ist die Verhältnismäßigkeit der Untersuchungshaft nicht auf die angedrohte Tat, sondern

---

[320] Dies ist auch bei der Nötigung der Fall, wo die umfassende Abwägung Grundlage für die Würdigung des sachlichen Zusammenhangs von Zweck und Mittel ist (BVerfGE 73, 247 ff, 255; BverfG in NJW 92, 2689; BGHSt 35, 274; *Eser* in S/S, § 240 Rn. 17).

[321] *Frisch*, Maßregeln der Besserung und Sicherung, S. 7; *Hanack* in LK, vor § 61 Rn. 37

[322] Siehe unten C II 1 (3.31) und §§ 63 ff StGB.

[323] *Schroeder*, Die Bedrohung mit Verbrechen, S. 665.

auf die Bedrohung zu beziehen[324]. § 112 a StPO ermöglicht eine Untersuchungshaft nur bei Wiederholungs- oder Fortsetzungsgefahr, nicht aber bei Begehungsgefahr. Auch das Polizeirecht stellt keine ausreichende Hilfe zur Verfügung. Eine Ingewahrsamnahme ist ohne gerichtliche Entscheidung nur bis zum Ende des nächsten Tages möglich (vgl. beispielsweise: § 28 I Nr. 1, III PolG Baden- Württemberg; §§ 13 I Nr. 2, 16 Nr. 3 des Musterentwurfes eines einheitlichen Polizeigesetzes). Aufgrund richterlicher Entscheidung kann die Ingewahrsamnahme in einigen Ländern bis zu maximal zwei Wochen dauern (vgl. beispielsweise: § 28 III S. 4 HS. 2 PolG Baden-Württemberg). Aber auch zwei Wochen genügen nicht, um das Opfer effektiv zu schützen. Des weiteren steht die Ingewahrsamnahme unter der Voraussetzung, dass die Verwirklichung der Drohung „unmittelbar bevorsteht". Dies wird in vielen Fällen nicht gegeben bzw. nur schwer festzustellen sein. Der Bedrohte kann sich daher zur Selbsthilfe gezwungen sehen. Diese muss zwar nicht notwendig zur Strafbarkeit des Bedrohten führen, da die Rechtsprechung Drohungen als eine nicht anders abwendbare gegenwärtige Gefahr im Sinne der Notstandsvorschriften anzusehen bereit ist[325], jedoch kann die Selbsthilfe kaum als eine befriedigende Lösung angesehen werden. So wird die gegenwärtige Lage teilweise heftig kritisiert. Schroeder urteilt:

> „Die Hinnahme der Tatsache, daß die Rechtsprechung die Bedrohten auf den Weg der Selbsthilfe verweist und die Tötung von Drohenden für unvermeidbar und straflos erklärt, kann man daher nicht mehr als gesetzgeberische Resignation entschuldigen, sondern muß sie als Verletzung der Pflicht des Gesetzgebers, zum Schutz des Lebens, und zwar sowohl des Lebens der Bedrohten als auch der Drohenden, anklagen."[326]

Auch Spendel macht darauf aufmerksam, dass „unsere Rechtsordnung keinen auch nur entfernt ausreichenden Schutz vor der Bedrohung durch einen gewalttätigen Menschen" kennt[327]:

> „Gegen den drohenden, potentiellen *Verbrecher*, der für einen anderen die schwerste Gefahr bildet, gehen die Organe des Staates in der Regel nicht oder erst dann vor, wenn es zu spät, d.h. die Drohung wahr gemacht worden ist; gegen das bedrohte *Opfer* jedoch, das sich mangels staatlichen Eingreifens in seiner Not durch Tötung des gefährlichen Menschen selbst hilft,

---

324 *Schroeder*, Die Bedrohung mit Verbrechen, S. 666.
325 RGSt 43, 342; 60, 318; 66, 397; BGHSt 5, 371 (373); BGH in NJW 1966, 1824; BGH in NStZ 1984, 20 mit Anmerkung von Rengier; BGH in NJW 1979, 2053.
326 *Schroeder*, Die Bedrohung mit Verbrechen, S. 673.
327 *Spendel*, Zum Problem der Bedrohung, S. 205.

schreiten sie ein und bestrafen es oft ..., exkulpieren es also nur ausnahmsweise."[328]

Es stellt sich daher die Frage, ob zum Schutze des Opfers vor der Begehung der angedrohten Tat und auch zum Schutze des Drohenden vor der Selbsthilfe des Bedrohten eine Sicherungsmaßnahme zulässigerweise normiert werden kann, naheliegenderweise in einem weiteren Absatz des § 241 StGB.

(2) Rechtsvergleichung: Art. 57 schw. StGB – die Friedensbürgschaft

Dass der Gedanke, auf eine reine Drohung eine Sicherungsmaßnahme folgen zu lassen, nicht abwegig ist, zeigen nicht nur die Überlegungen des Entwurfs zur Strafrechtsnovelle von 1876, der in einem Absatz 2 des § 241 StGB eine Form der Friedensbürgschaft einführen wollte[329], sondern auch ein Vergleich mit dem schweizerischen Strafgesetzbuch, in dessen Art. 57 eine andere Form der Friedensbürgschaft geregelt ist:

> Friedensbürgschaft
>
> 1. Besteht die Gefahr, daß jemand ein Verbrechen oder ein Vergehen, mit dem er gedroht hat, ausführen werde, oder legt jemand, der wegen eines Verbrechens oder eines Vergehens verurteilt wird, die bestimmte Absicht an den Tag, die Tat zu wiederholen, so kann ihm der Richter auf Antrag des Bedrohten das Versprechen abnehmen, die Tat nicht auszuführen, und ihn anhalten, angemessene Sicherheit dafür zu leisten.
> 2. Verweigert er das Versprechen, oder leistet er böswillig die Sicherheit nicht innerhalb der bestimmten Frist, so kann ihm der Richter durch Sicherheitshaft dazu anhalten.
>   Die Sicherheitshaft darf nicht länger als zwei Monate dauern und wird wie die Haft vollzogen.
> 3. Begeht er das Verbrechen oder das Vergehen innerhalb von zwei Jahren, nachdem er die Sicherheit geleistet hat, so verfällt die Sicherheit dem Staate. Andernfalls wird sie zurückgegeben.

Die Friedensbürgschaft hat allerdings vehemente Kritik erfahren. So bezeichnete sie Frey als eine „Totgeburt"[330]. Sie sei „ein liebwertes Museumsstück ohne praktische Bedeutung"[331]; sie sei seit Jahrhunderten praktisch außer Gebrauch gekommen und könne deshalb nicht künstlich wieder zum Leben erweckt wer-

---

[328] *Spendel*, Zum Problem der Bedrohung, S. 206.
[329] Vgl. oben B V 4.
[330] *Frey*, Ausbau des Strafensystems?, S. 17.
[331] *Frey* ebenda.

den[332]. Die fehlende praktische Bedeutung ist das am häufigsten vorgetragene und grundsätzlichste Argument gegen die Friedensbürgschaft[333]. Sie sei nicht in der Lage, die kurzzeitige Freiheitsstrafe zahlenmäßig ins Gewicht fallend zu ersetzen[334].
Diese Argumentation übersieht, dass die Friedensbürgschaft, auch wenn sie im allgemeinen Teil geregelt ist, ihren eigentlichen Aufgabenbereich in den Fällen der Drohung hat[335]. Ernst gemeinte Drohungen kommen im Gesamtkonzert der Straftaten nicht so häufig vor, dass sie im Vergleich zu sämtlichen anderen Straftaten „zahlenmäßig irgendwie ins Gewicht" fallen könnten[336]. Die Bedeutung der Friedensbürgschaft darf daher nicht nach der Häufigkeit ihrer Anwendung im Strafrecht allgemein beurteilt werden[337]. Vielmehr kann ihre Bedeutung nur bei Betrachtung der Bedrohungsfälle erkannt werden. Soweit die Friedensbürgschaft auch hier nur eine Randerscheinung geblieben ist, kann dies nicht mit ihrer fehlenden Notwendigkeit erklärt werden. So wurde bereits gezeigt, dass weder die von § 241 StGB angebotenen Rechtsfolgen noch das Polizei- und Strafprozessrecht in der Lage sind, dass Opfer vor der angedrohten Tat wirksam zu schützen[338]. Eine Sicherungsmaßnahme in den Fällen der ernst gemeinten Drohung, die zur Verhinderung der Tat beitragen kann, ist somit dringend notwendig, will man das Opfer nicht allein lassen und auf Selbsthilfe verweisen[339]. Der Grund für die fehlende praktische Relevanz der schweizerischen Friedensbürgschaft ist daher vielmehr in dem Erfordernis eines Antrags zu finden. So erklärt auch Frey, dass sie ohne ein Antragserfordernis zu einer wirkungsvollen sichernden Maßnahme werden könnte[340]. Die Verhinderung der Begehung angedrohter Verbrechen ist jedoch nicht nur deswegen vom Willen des Bedrohten zu lösen, um diesem Institut zu größerer Wirkung zu verhelfen, sondern vor allem im Hinblick darauf, dass der Schutz existentieller Rechtsgüter vor erhebli-

[332] *Frey* ebenda.
[333] *Schubarth*, Kommentar zum schweizerischen Strafrecht, Art. 180 Rn. 17; *Trechsel*, Schweizerisches Strafgesetzbuch, Art. 57 Rn. 1
[334] *Frey*, Ausbau des Strafensystems?, S. 17.
[335] Vgl. *Matter*, Die Friedensbürgschaft, S. 85.
[336] Auch wenn die Bedrohung im Vergleich zu sämtlichen anderen Delikten als „Randkriminalität" bezeichnet werden kann (*Joecks*, Strafgesetzbuch, § 241 Rn. 3), ist sie im Vergleich zu einzelnen anderen Delikten von erstaunlich großer Relevanz (*Joecks* ebenda; *Schroeder*, Strafrecht BT, § 12 Rn. 17). So war die Anzahl der Verurteilungen im Jahre 1991 mit 995 rund dreimal so hoch wie die der Freiheitsberaubung (*Schroeder* ebenda). 1995 waren in der Strafverfolgungsstatistik 1888 Verurteilungen nach § 241 aufgeführt (*Joecks*, § 241 Rn. 3). Insgesamt wurden 1995 759.989 Personen verurteilt (Statistisches Jahrbuch 1999, 15.7)
[337] *Schroeder*, Die Bedrohung mit Verbrechen, S. 674.
[338] Siehe oben C II 1 (1).
[339] Siehe oben ebenda.
[340] *Frey*, Ausbau des Strafensystems?, S. 17.

chen Beeinträchtigungen sich als eine Pflichtaufgabe des Staates darstellt[341]. Dieser Schutzverpflichtung hat er bei der Androhung von Verbrechen in jedem Fall nachzukommen, nicht nur auf Antrag des Bedrohten.
Inwieweit der Regelung des Art. 57 schw. StGB ansonsten zugestimmt werden kann, werden die folgenden Untersuchungen klären.

(3) Verhältnismäßigkeit einer Sicherungsmaßnahme

(3.1) Vorüberlegung

Folgende Mittel kommen zur Verhinderung angedrohter Taten in Betracht: Sicherungshaft, Führungsaufsicht, Kaution und die Aufforderung an den Täter, die Nichtbegehung der angedrohten Tat zu versprechen.

(3.2) Geeignetheit

(3.21) Geeignetheit der Aufforderung zum Versprechen

Indem der Drohende durch einen Richter zu einem Versprechen gezwungen wird, zeigt die Rechtsordnung, dass die Normen auch für den Täter gelten und er diese Normgeltung zu respektieren habe. Dem Täter wird dadurch deutlich gemacht, dass die Begehung der angedrohten Tat unausweichlich bestraft werden wird. Dies kann zur Einsicht des Täters führen, dass sich Verbrechen, zumindest das angedrohte, nicht lohnen. Die Aufforderung an den Täter, die Nichtbegehung der angedrohten Tat zu versprechen, wäre daher der Verhinderung dieser Tat förderlich und ist somit als geeignetes Mittel zu bezeichnen.

(3.21) Geeignetheit von Kaution

Die Leistung einer Kaution, die nur dann wieder frei wird, wenn die Drohung innerhalb einer bestimmten Frist nicht wahrgemacht worden ist, kann den Drohenden dazu motivieren, die Tat innerhalb dieser Frist nicht zu begehen. Die Kaution stellt sich daher ebenfalls als ein geeignetes Mittel zur Verhinderung der Begehung angedrohter Taten dar.

(3.22) Geeignetheit von Führungsaufsicht und Haft

Führungsaufsicht und Haft sind ebenfalls geeignete Mittel.

---

[341] *Frisch*, Maßregeln der Besserung und Sicherung im strafrechtlichen Rechtsfolgensystem, ZStW 102 (1990), S. 367.

(3.23) Ergebnis

Sicherungshaft, Führungsaufsicht, Kaution und die Aufforderung zu einem Versprechen sind geeignete Mittel, um die Begehung angedrohter Taten zu verhindern.

(3.3) Erforderlichkeit

Ein Mittel ist dann erforderlich, wenn es sich unter allen gleich geeigneten Mitteln als das mildeste erweist[342]. Die bisher besprochenen Mittel können jedoch grundsätzlich nicht als gleich geeignet bezeichnet werden. Inwieweit die Aufforderung zu einem Versprechen oder eine Kaution Schutz bietet, lässt sich nur schwer nachweisen. Einzig von der Sicherungshaft lässt sich sagen, dass sie einen nahezu hundertprozentigen Schutz garantiert; sie erscheint daher auf den ersten Blick als das erforderliche Mittel. Die Prüfung der Angemessenheit dieser Maßnahme wird jedoch zeigen, dass an die Beendigung der Sicherungshaft im Falle einer Drohung derart niedrige Anforderungen gestellt werden müssen, dass die Aufforderung zu einem Versprechen, die mit Beugehaft durchgesetzt werden kann, zur Verhinderung der angedrohten Tat gleich geeignet ist.

(3.31) Angemessenheit der Sicherungshaft

Eine Sicherungsmaßnahme stellt immer einen Eingriff in die grundgesetzlich geschützte Freiheit des Drohenden dar. In sie darf daher nur dann eingegriffen werden, wenn überwiegende Interessen den Eingriff erforderlich und angemessen, also verhältnismäßig erscheinen lassen[343]. Grundgesetzlich geschützte Freiheit ist gemeinschaftsgebundene Freiheit[344]. Wenn sich jemand als gefährlich für wichtige Rechtsgüter anderer darstellt, stehen dem Interesse an Freiheit das Interesse an der Erhaltung wichtiger Rechtsgüter und die staatliche Schutzpflicht gegenüber[345]. In den Fällen, in denen existentiellen Rechtsgütern erhebliche Gefahren drohen, kann die Abwägung ergeben, dass in die Freiheit auch in stärkster Weise, nämlich durch zeitlich unbestimmte Sicherungsverwahrung eingegriffen werden darf (vgl. § 66 StGB). Die Gefährlichkeit des Täters ist daher auch die zentrale materielle Voraussetzung einer jeden Sicherungsmaßnahme[346].

---

342 Vgl. oben C I 3 (4).

343 BVerfGE 58, 208 (224): „Der hohe Rang der Freiheit der Person verlangt, eine Einschränkung dieser Freiheit stets der strengen Prüfung am Grundsatz der Verhältnismäßigkeit zu unterziehen.“.

344 BVerfGE 7, 320 (323); 28, 175 (189).

345 vgl. *Frisch*, Maßregeln der Besserung und Sicherung im strafrechtlichen Rechtsfolgensystem, ZStW 102 (1990), S. 367ff.

346 *Frisch*, Maßregeln der Besserung und Sicherung, S. 5; *Hanack* in LK, vor § 61 Rn. 26.

Dies gilt nicht nur bei den strafrechtlichen Maßnahmen der Besserung und Sicherung, sondern für jede Sicherungsmaßnahme[347]. Mit dieser zentralen Voraussetzung der Gefährlichkeit ist jedoch zugleich das Hauptproblem einer jeden Sicherungsmaßnahme verbunden: Die Unmöglichkeit, mit Sicherheit voraussagen zu können, ob die Tat tatsächlich begangen werden wird. Mangels hellseherischer Fähigkeiten ist man gezwungen, sich mit der Wahrscheinlichkeit der Tatbegehung zufrieden zu geben. Wenn sich auch (eher vage) Vorgaben zu den erforderlichen Wahrscheinlichkeitsgraden machen lassen[348], ist der Nachweis, dass die Voraussetzungen gegeben sind, mit großen Schwierigkeiten verbunden[349]. Dieses Problem wird unter dem Stichwort des „Prognoserisikos" heftig diskutiert[350]. Die Schwierigkeiten führen zu der Erkenntnis, dass eine fundierte Negativprognose noch vor Begehung einer sogenannten Anlasstat nicht möglich ist[351]. Da aber die ernst gemeinte Drohung keine Tat ist, die auch nur im entferntesten die Schwere einer Anlasstat im Sinne des Maßregelrechts erreicht, scheint Sicherungshaft als größtmöglicher Eingriff in die Freiheit nicht legitimierbar zu sein.

Dieser Anschein trügt jedoch. Es besteht nämlich ein wesentlicher Unterschied zwischen den Gründen, die zu einer Maßnahme der Besserung und Sicherung des § 61 StGB führen, und dem Grund für eine Sicherungsmaßnahme im Falle einer ernst gemeinten Drohung. Bei den Maßnahmen der Besserung und Sicherung ist es völlig gleichgültig, wie sich der Täter zu dem Vorhaben weiterer Taten äußert, ob er sie plant oder planen könnte. Aufgrund seiner Persönlichkeit wird ihm die Fähigkeit abgesprochen, sich in bestimmten Situationen normgerecht verhalten zu können[352]. Die Prognose, dass er sich in bestimmten Situationen nicht an die Regeln halten, sondern eine Straftat begehen wird, kann aber nur dann mit ausreichender Wahrscheinlichkeit erstellt werden, wenn eine ganze Reihe von Straftaten vorliegt, die das Fehlen der Fähigkeit zu rechtskonformem Verhalten in bestimmten Situationen belegen[353]. Im Falle einer ernst gemeinten Drohung geht es jedoch nicht darum, ob dem Drohenden die Fähigkeit fehlt,

---

[347] Vgl. beispielsweise für das Unterbringungsrecht: *Saage*, Freiheitsentziehung und Unterbringung, S. 221.

[348] *Frisch*, Maßregeln der Besserung und Sicherung, S. 5 f.

[349] *Hanack* in LK, vor § 61 Rn. 100 ff.

[350] *Frisch*, Maßregeln der Besserung und Sicherung, S. 5 f; *derselbe* in: Maßregeln der Besserung und Sicherung im strafrechtlichen Rechtsfolgensystem, ZStW 102 (1990), S. 370 ff; *Hanack* in LK, vor § 61 Rn. 100 ff; ausführlich zu dem Problem der Prognoseentscheidungen: *Frisch*, Prognoseentscheidungen in der strafrechtlichen Praxis, S. 55 ff.

[351] *Frisch*, Maßregeln der Besserung und Sicherung, S. 7; *derselbe* in: Das Marburger Programm und die Maßregeln der Besserung und Sicherung, S. 585 f.

[352] *Frisch*, Maßregeln der Besserung und Sicherung im strafrechtlichen Rechtsfolgensystem, ZStW 102 (1990), S. 373 ff.

[353] *Frisch*, Maßregeln der Besserung und Sicherung im strafrechtlichen Rechtsfolgensystem, ZStW 102 (1990), S. 374 f.

sich in bestimmten Situationen normgerecht verhalten zu können. Er teilt vielmehr im Hinblick auf eine ganz bestimmte Tat mit, dass er die Normen zu missachten gedenke. Während bei den Maßregeln der Besserung und Sicherung die begangenen Taten der Beleg für die Begehung zukünftiger Taten sein sollen, stellt im Falle der Drohung diese selbst den Beleg dar. Es sind somit weder Anlasstaten noch eine Prognose notwendig, um die Sicherungsmaßnahme zu rechtfertigen. Es ist die Aussage des Täters selbst. Der verantwortliche Täter trägt auch die Verantwortung dafür, dass man ihn beim Wort nimmt.

Da jedoch unter diesem Gesichtspunkt ausschließlich die Drohung Grundlage einer Sicherungsmaßnahme ist, muss es auch der Täter in der Hand haben, die Drohung jederzeit zurückzunehmen. Man überlässt sozusagen die Gefährlichkeitsprognose dem Täter. Wenn man ihn in Bezug auf die Drohung beim Wort nimmt, dann muss man ihn auch beim Widerruf der Drohung beim Wort nehmen. Damit verbietet sich auch die Aufstellung einer Voraussetzung, die beispielsweise einen „glaubhaften" Widerruf verlangt. Allerdings muss ein Widerruf auch tatsächlich erfolgen. Offensichtliche Lügen bzw. offensichtlich nicht ernst gemeinte Widerrufe können keinen beachtlichen Widerruf darstellen. Bloße Zweifel an der Glaubhaftigkeit sind hingegen irrelevant. Die Angemessenheit des Eingriffs bleibt nicht nur dadurch gewahrt, dass der Täter es in der Hand hat, den Vollzug der Sicherungsmaßnahme zu verhindern bzw. jederzeit wieder zu beenden. Sie ergibt sich auch daraus, dass in seine Freiheit ausschließlich zum Schutze besonders wichtiger Rechtsgüter eingegriffen wird, denen erhebliche Verletzungen drohen. Dies deswegen, weil Gegenstand der Drohung nach dem Willen des Gesetzgebers nur Verbrechen sein sollen.

Indem der Täter die Sicherungsverwahrung jederzeit mittels eines Widerrufs beenden kann, stellt sich die Sicherungsverwahrung als verhältnismäßige Reaktion dar. Verweigert er den Widerruf, hat er die Folgen, ähnlich wie bei der Beugehaft, zu verantworten. Die Sicherheitsverwahrung kann solange aufrechterhalten werden, wie der Täter den Widerruf der Drohung und mithin die Anerkennung der Geltung der Rechtsordnung verweigert. Voraussetzung ist jedoch, dass die Fähigkeit des Täters, die Drohung zu widerrufen, zu jedem Zeitpunkt gegeben ist.

Und noch eine weitere Einschränkung muss für die Sicherungsverwahrung gemacht werden: Sie darf auch bei Verweigerung des Widerrufs dann nicht angeordnet oder aufrechterhalten werden, wenn es sich aufgrund anderer Umstände ergibt, dass die Drohung nicht ernst gemeint ist. Denn die Sicherungsverwahrung soll vor einem gefährlichen Täter schützen. Wo diese Gefahr erkennbar nicht gegeben ist, ist Haft unverhältnismäßig.

Somit ist Sicherungshaft für die Fälle der ernst gemeinten Drohung angemessen.

(3.32) Schlussfolgerung für die Erforderlichkeit der Sicherungshaft

Es konnte zwar nachgewiesen werden, dass Sicherungshaft angemessen sein kann; allerdings beruht diese Angemessenheit auf derart geringen Anforderungen an ihre Beendigung, dass es in der Praxis wohl kaum einen Fall geben würde, in dem es tatsächlich bis zur Inhaftierung kommt. Die Haft wird als Sicherungsmittel somit überhaupt keine Wirkung entfalten können. Die spezialpräventive Wirkung geht vielmehr von der Einflussnahme auf den Drohenden durch den Hinweis des Richters aus, dass er der Sicherungshaft nur entgehen könne, wenn er sein Vorhaben zur Tatbegehung widerrufe. Mit dieser Belehrung drückt das Recht seine Entschlossenheit aus, den Normbruch nicht zu dulden. Dass es dem Recht ernst ist, zeigt der durch die drohende Haft ausgeübte Zwang zum Widerruf.
Die konkrete Ausgestaltung der Beendigungsvoraussetzungen der Sicherungshaft führt also dazu, dass von dem hundertprozentigen Schutz der Sicherungshaft praktisch nichts übrigbleibt. Der Effekt einer derart ausgestalteten Sicherungshaft stimmt vielmehr mit demjenigen überein, der durch die Aufforderung zu einem Versprechen erreicht wird, die notfalls mit Beugehaft durchgesetzt werden kann. Im Hinblick darauf, dass es sich bei der Aufforderung zu einem Versprechen um das mildere Mittel handelt, ist Sicherungshaft insoweit nicht erforderlich.

(3.33) Schlussfolgerung für die Erforderlichkeit anderer Mittel

Diese Feststellungen sind auf die Frage der Verhältnismäßigkeit anderer Mittel, Führungsaufsicht und Kaution, übertragbar. Jedes Mittel, dass über einen Widerruf der Drohung hinausgeht, kann nur solange aufrechterhalten werden, wie dieser Widerruf nicht erfolgt. Andernfalls entfällt die Legitimationsgrundlage. Damit kann die Regelung der Friedensbürgschaft in Art. 57 schw. StGB insofern kein Vorbild für § 241 StGB sein, als dort eine Kaution verlangt wird. Eine wesentliche Verringerung des spezialpräventiven Effekts ist mit einem Verzicht auf eine mögliche zusätzliche motivatorische Kaution jedoch nicht verbunden. Er wird vielmehr nur deutlicher herausgestellt: Dem Drohenden soll bewusst werden, dass die Normen auch ihm gegenüber Geltung beanspruchen und auf einen Normbruch unausweichlich Strafe folgen wird. So stellt auch Schroeder für den Art. 57 schw. StGB fest: „Entscheidend erscheint allerdings nicht die Drohung mit dem Verfall der Sicherheit, sondern die förmliche Ermahnung des Drohenden und der Hinweis auf die bei einer Verwirklichung der Drohung mit Sicherheit eintretende Strafverfolgung.“[354]
Im Hinblick auf diesen Zweck stellt sich die Frage, ob nicht eine Ermahnung durch den Richter mit einem entsprechenden Hinweis ebenso geeignet ist wie

[354] *Schroeder*, Die Bedrohung mit Verbrechen, S. 674.

der Zwang zur Ablegung eines Versprechens. Diese Frage ist jedoch zu verneinen, da erst mit dem Widerruf der Drohung die Grundlage für Sicherungsmaßnahmen entfällt. Solange dieser nicht erfolgt, sind sie zulässig. Des weiteren muss, um dem Drohenden zu zeigen, dass die Ermahnung und der Hinweis ernst gemeint und ernst zu nehmen sind, auf dem Widerruf bestanden werden. Dieser Widerruf kann in einem Versprechen, die angedrohte Tat nicht begehen zu wollen, gesehen werden. Erst der Zwang zum Versprechen führt dem Drohenden den Ernst der Lage deutlich vor Augen. Des weiteren muss er durch das Versprechen seinen Willen dem Recht unterordnen und dessen Geltung anerkennen. Weder die Ernsthaftigkeit noch die Willensbeugung unter die Rechtsordnung können ausschließlich mit der Belehrung erreicht werden. Die Aufforderung zu einem Versprechen nach erfolgter Belehrung stellt sich somit als das geeignetere Mittel dar bzw. Aufforderung und Belehrung sind zusammen geeigneter als nur eine Belehrung.

(3.34) Ergebnis

Die Aufforderung an den Täter, die Nichtbegehung der angedrohten Tat zu versprechen, ist von allen gleich geeigneten Mitteln das mildeste und mithin das erforderliche Mittel.

(3.4) Angemessenheit der Aufforderung zum Versprechen, deren Durchsetzung mit Beugehaft erreicht werden kann

(3.41) Angemessenheit der Aufforderung zum Versprechen

Wie die Prüfung der Angemessenheit von Sicherungshaft bereits gezeigt hat, ist die Drohung als Beleg für die Gefährlichkeit des Drohenden anzusehen[355]. Der Täter wird beim Wort genommen, von seiner Gefährlichkeit wird ausgegangen. Daher sind Sicherungsmaßnahmen solange zulässig, wie die Drohung nicht widerrufen wurde. Die Aufforderung an den Täter, die Nichtbegehung der angedrohten Tat zu versprechen, stellt die denkbar mildeste Art einer Sicherungsmaßnahme dar. Es führt zudem zum Widerruf der Drohung und mithin zur Beseitigung der Annahme der Gefährlichkeit des Täters. Die Aufforderung zu einem Versprechen ist als angemessene und mithin als verhältnismäßige Maßnahme anzusehen.

---

[355] Sollte sich jedoch ergeben, dass die Drohung nicht ernst gemeint ist, der Täter also entgegen seines Verhaltens nicht gefährlich ist, stellt die – nicht ernst gemeinte – Drohung keinen Beleg (mehr) für die Gefährlichkeit des Drohenden dar.

(3.42) Angemessenheit der Beugehaft

Dass Beugehaft zur Erzwingung einer gesetzlich festgelegten Pflicht oder wegen Nichtbefolgung eines rechtmäßigen Gerichtsbeschlusses ein rechtsstaatliches Mittel ist, ergibt sich bereits aus Art. 5. 1. b EMRK. Auch im Hinblick auf das Verhältnismäßigkeitsprinzip ergeben sich keine Bedenken.

(4) Ergebnis

Als Sicherungsmittel lässt sich die Aufforderung an den Täter, die Nichtbegehung der angedrohten Tat zu versprechen, legitimieren. Diesem hat eine Belehrung des Richters vorauszugehen. In der Kombination dieser Mittel wird dem Drohenden vor Augen geführt, dass die Normen auch ihm gegenüber Geltung beanspruchen und auf einen Normbruch unweigerlich Strafe folgen werde. Durch den Zwang zum Versprechen, den die Beugehaft vermittelt, zeigt die Rechtsordnung besonders nachdrücklich, dass auch ihre „Drohung" ernst gemeint ist.

§ 241 StGB muss somit im Hinblick auf die staatliche Schutzpflicht zur Verhinderung der Begehung von Straftaten folgender Absatz 3 hinzugefügt werden:

> Im Falle einer ernst gemeinten Drohung hat der Richter den Drohenden auf die Geltung der Norm, deren Bruch angedroht worden ist, und auf die dem Normbruch folgende Strafe hinzuweisen und das Versprechen abzunehmen, die Tat nicht auszuführen. Verweigert der Drohende das Versprechen, so ist er durch Beugehaft dazu anzuhalten. Die Haft darf nur dann und nur solange erfolgen, wie der Täter die Fähigkeit zur Ablegung des Versprechens hat und nicht andere Umstände ergeben, dass die Drohung nicht ernst gemeint ist.

2. Legitimation strafrechtlicher Reaktion im weiteren Sinne

(1) Einleitung

Die vorgeschlagene Sicherungsmaßnahme wegen einer ernst gemeinten Bedrohung wird nicht in allen Fällen rechtzeitig erfolgen können[356]. Es stellt sich somit die Frage nach vorläufigen Sicherungsmaßnahmen. Allerdings stellen weder das Polizeirecht noch das Strafprozessrecht ausreichende Sicherungsmaßnahmen zur Verfügung[357]. Um die Lücke bis zu einer gerichtlichen Entscheidung schlie-

[356] Vgl. *Schroeder*, Die Bedrohung mit Verbrechen, S. 665.
[357] Vgl. oben C II 1 (1).

ßen zu können, kommt die Normierung einer Sicherungsmaßnahme in der Strafprozessordnung speziell für diesen Fall in Betracht.
Dass eine solche „Sonderbehandlung" für einen speziellen Fall nicht undenkbar ist, zeigen bereits § 112 III StPO und § 129 a StGB. Hier verfolgte der Gesetzgeber das Ziel, in den Fällen der Gründung einer terroristischen Vereinigung die Sicherung vor der Begehung von Taten zu erreichen[358]. Auch wenn § 129 a StGB bereits die Gründung einer Vereinigung unter Strafe stellt, wäre die Sicherung vor den Straftaten ohne eine sofortige Zugriffsmöglichkeit unvollkommen[359]. Daher sollte § 112 III StPO in diesem Fall auch ohne Vorliegen eines Haftgrundes die Untersuchungshaft ermöglichen[360]. Das Ziel der Sicherung vor geplanten Straftaten durch Schaffung eines Vorbereitungstatbestandes in Verbindung mit der Möglichkeit einer Untersuchungshaft ohne Haftgrund mag zwar durch die Rechtsprechung des Bundesverfassungsgerichts[361], die auch in den Fällen des § 112 III StPO das Vorliegen eines Haftgrundes, wenn auch in gelokkerter Form, verlangt, nicht vollständig erreicht worden sein. Jedenfalls aber zeigen § 129 a StGB und § 112 III StPO, dass die Regelung von Teilbereichen zur Sicherung vor Straftaten der Strafprozessordnung nicht fremd ist[362].
Nachfolgend wird die Verhältnismäßigkeit einer vorläufigen Sicherungsmaßnahme nachgewiesen. Sie stimmt inhaltlich mit der in § 241 StGB einzuführenden Maßnahme überein.

(2) Verhältnismäßigkeit einer vorläufigen Sicherungsmaßnahme im Strafprozess

Eine Sonderregelung auch für den Fall der ernst gemeinten Drohung ist somit denkbar. Doch muss auch diese Sicherungsmaßnahme als Eingriff in die persönliche Freiheit am Verhältnismäßigkeitsprinzip gemessen werden. Dabei können die Konkretisierungen durch das BVerfG hinsichtlich der Untersuchungshaft nicht direkt übernommen werden, da es sich vorliegend nicht um eine verfahrenssichernde, sondern um eine vorbeugende Maßnahme handelt. Doch gilt der Verhältnismäßigkeitsgrundsatz als „übergreifende Leitregel allen staatlichen Handelns"[363] auch in diesem Fall. Im Hinblick darauf, dass das Vorliegen einer zu verantwortenden ernst gemeinten Drohung noch nicht durch gerichtliche Entscheidung festgestellt worden ist, kann die vorläufige Maßnahme des Strafpro-

---

[358] *Schroeder*, Die Bedrohung mit Verbrechen, S. 673 f.
[359] *Schroeder*, Die Bedrohung mit Verbrechen, S. 673.
[360] *Schroeder* ebenda.
[361] BVerfGE 19, 342, 350.
[362] Vgl. auch § 112 a StPO, der die vorbeugende Maßnahme der Sicherungshaft zum Schutz der Allgemeinheit vor weiteren erheblichen Straftaten besonders gefährlicher Täter in bestimmten Fällen erlaubt. Die Vorschrift erfasst Straftaten gegen die sexuelle Selbstbestimmung und Straftaten, die besonders häufig von Serientätern begangen werden (*Kleinknecht / Meyer-Goßner*, StPO, § 112 a Rn. 7).
[363] BVerfGE 23, 127, 133.

zessrechts nicht einschneidender ausfallen als nach dem materiellen Recht. Vielmehr ist ein noch strengerer Maßstab anzulegen. Doch auch vor diesem strengen Maßstab kann an der für § 241 StGB formulierten Sicherungsmaßnahme festgehalten werden, wenn ein dringender Tatverdacht gegeben ist. Auch wenn der Beschuldigte entgegen den Ermittlungsergebnissen, die zu der Annahme führen, dass der Beschuldigte mit großer Wahrscheinlichkeit die Tat begangen hat, „unschuldig" sein sollte, stellt die Ablegung des Versprechens, ein Verbrechen nicht begehen zu wollen, keine unzumutbare Belastung dar. Es handelt sich vielmehr um die Formulierung einer Selbstverständlichkeit. Die Menschenwürde wird durch diese Anforderung nicht verletzt. Die Beleidigung, die der Unschuldige in dem Zwang zur Äußerung einer Selbstverständlichkeit sehen könnte, ist nicht schwerwiegender als die, die in jedem Strafverfahren aus den Augen Unschuldiger liegen mag. Außerdem kann der dringende Tatverdacht spätestens in der Vernehmung durch einen Widerruf zerstreut werden. Denn den Darstellungen des Beschuldigten ist in diesem Falle Glauben zu schenken, wenn es sich nicht gerade um offensichtliche Lügen handelt[364]. Daher stellen sich auch hier die Ermahnung durch den Richter, das Verlangen eines Versprechens, sowie die Erzwingung des Versprechens durch Haft als angemessene und mithin verhältnismäßige Reaktionen dar. Für das Verfahren kann auf die §§ 114 ff StPO verwiesen werden.

(3) Ergebnis

Eine vorläufige Sicherungsmaßnahme, die inhaltlich mit der des § 241 StGB übereinstimmt, ist verhältnismäßig. Daher könnte in einem § 126 b StPO folgende Regelung getroffen werden:

Ist der Beschuldigte einer ernst gemeinten Drohung im Sinne des § 241 III StGB dringend verdächtig, so kann das Gericht die Rechtsfolgen des § 241 III StGB zur Anwendung kommen lassen. Die Rechtsfolgen werden durch schriftlichen Befehl des Richters angeordnet. Für den Inhalt gilt § 114 II Nr. 1, 2 und 4 entsprechend. § 115 gilt entsprechend. Sollte in der Vernehmung der dringende Tatverdacht bestehen bleiben, so gilt § 241 III StGB entsprechend. Im Falle eines Freispruchs sind die Maßnahmen aufzuheben.

---

[364] Vgl. oben C II 1 (3.31).

D. Auswertung

Ziel dieser Arbeit war es, die strafrechtlichen Reaktionsmöglichkeiten, die dem Gesetzgeber bei einer Drohung im Sinne des § 241 I StGB legitimerweise gegeben sind, aufzuzeigen. Es hat sich gezeigt, dass sowohl Strafe – Freiheitsstrafe bis zu einem Jahr oder Geldstrafe – als auch Sicherungsmaßnahmen – Aufforderung an den Täter, die Nichtbegehung der angedrohten Tat zu versprechen – legitime Reaktionsmöglichkeiten darstellen.

I. Zusammenfassung der Ergebnisse

1. Legitimation strafrechtlicher Reaktion in Bezug auf die Bedrohung an sich

(1) Rechtsgut

Der Frage nach der Legitimation von Strafe musste die bisher noch ungelöste Frage nach dem von § 241 StGB geschützten Rechtsgut vorangestellt werden. Dabei wurde deutlich, dass Schutzgut des § 241 StGB weder der Rechtsfrieden noch die Willensfreiheit, sondern das Freisein von Angst und Schrecken ist.

Hinter dem Begriff „Rechtsfrieden" wurde zur letzten Jahrhundertwende tatsächlich nichts anderes als das Freisein von Angst und Schrecken gesehen. Der Rechtsfrieden wurde nur bemüht, weil die Lehre vom Rechtsgut die Bildung eines Begriffes erforderlich gemacht hatte; die Rechtsgeschichte ließ die Wahl auf den Frieden, den Rechtsfrieden fallen, weil sie diesen Begriff im Laufe der Jahrhunderte untrennbar mit der Bedrohung verbunden hatte. Der Rechtsfrieden war somit nur das „Etikett" für das Freisein von Angst und Schrecken. Die neuere Literatur übersieht diesen Umstand und benutzt den Rechtsfrieden zumeist als substanzloses Schlagwort. Doch auch soweit diesem Begriff eine eigenständige Bedeutung gegeben werden kann – Vertrauen auf den Schutz der eigenen Rechtspositionen vor Verletzungen – wird damit nicht das Schutzgut des § 241 StGB beschrieben. Ein reiner Bedrohungstatbestand dient vielmehr dazu, das Opfer vor Versetzung in Angst und Schrecken zu schützen, wie nicht nur die Ausführungen Schroeders und der älteren Literatur, sondern auch die Regelungen des amerikanischen und österreichischen Rechts belegen.
Für die Annahme, dass Schutzgut die Willensfreiheit sei, können keine überzeugenden Argumente vorgebracht werden. Die Vertreter dieser Ansicht erkennen zudem, dass § 241 StGB das Opfer vor Versetzung in Angst und Schrecken schützen soll. Der Grund, warum sie dennoch an der Willensfreiheit festhalten, ist der, dass sie Bedenken gegen die Anerkennung eines Rechtsguts haben, das lediglich einen Bewusstseinszustand beschreibt. Dabei haben die Ausführungen zum Rechtsgutsbegriff deutlich gemacht, dass ein abschließender Katalog greif-

barer Rechtsgüter gerade nicht vorhanden ist. Auch ein Bewusstseinszustand kann ein Rechtsgut sein. Entscheidend ist nur, ob das geschützte Interesse bzw. der geschützte Zustand der freien Entfaltung der Persönlichkeit dient. Da dies beim Freisein von Angst und Schrecken der Fall ist, kann dieser Zustand als Rechtsgut bezeichnet werden.
Schutzgut des § 241 StGB ist somit das Freisein von Angst und Schrecken.

(2) Legitimation einer Verbotsnorm

Im Rahmen der Frage nach der Legitimation einer Verbotsnorm konnte auf die Kritik Schroeders an der Berechtigung zur Missbilligung ernst gemeinter Drohungen eingegangen werden. Schroeder sieht in der Drohung eine Warnung, für die das Opfer nur dankbar sein könne. Damit wird jedoch verkannt, dass nicht die „Warnung" missbilligt wird, sondern die nicht erforderliche Versetzung des Opfers in Angst und Schrecken. Die Drohung stellt sich nämlich nicht als einziges Mittel des Drohenden zum Schutz der bedrohten Rechtsgüter dar. Vielmehr kann dieser Schutz durch Aufgabe des Tatplans erreicht werden. Die mehr oder weniger aussichtsreiche Verhinderungsmöglichkeit, die die Drohung bietet, kann somit die Verletzung des Schutzgutes nicht als billigenswert erscheinen lassen.
Ein Wertungswiderspruch zur Anzeigepflicht des § 138 StGB ergibt sich daraus nicht. Schroeders Frage, wie es sein kann, dass die Mitteilung der Bedrohung durch den Täter strafbar, für jeden Dritten hingegen eine Pflicht ist, findet ihre Antwort darin, dass die Mitteilung der Information zwar nicht für den Täter, sehr wohl aber für den Dritten ein erforderliches Mittel zum Schutz der bedrohten Rechtsgüter darstellt und somit die etwaige Versetzung des Opfers in Angst und Schrecken durch den Anzeigenden gebilligt werden kann.
Ein Verbot der reinen Drohung ist somit legitim.

(3) Legitimation von Strafe

Die Ausführungen zur Verhältnismäßigkeit von Strafe für reine Drohungen haben im Rahmen der Erforderlichkeit aufgezeigt, dass die Möglichkeit einer Wiedergutmachung auf der Grundlage der Vorschläge des Alternativ-Entwurfs Wiedergutmachung in den allgemeinen Teil des Strafrechts eingeführt werden sollte. Insbesondere in den Fällen der ernst gemeinten Drohungen ist eine freiwillige Leistung des Täters in Form eines Versprechens, die Tat nicht ausführen zu wollen, besser als Strafe geeignet, das Rechtsgut des § 241 StGB zu schützen. Denn die Angst vor Verwirklichung der angedrohten Tat lässt sich nicht durch eine kurzfristige Freiheitsstrafe oder eine Geldstrafe beseitigen. Das Opfer müsste sich bei Bestrafung des Täters vielmehr Sorgen machen, ob der Täter die Drohung nun erst recht wahr machen werde. Ein aufrichtiges Versprechen, die

Tat nicht ausführen zu wollen, kann dem Opfer hingegen die Angst vor der Ausführung der Tat nehmen.
An der Angemessenheit von Strafe bestehen im Hinblick auf die konkrete Ausgestaltung des § 241 I StGB Bedenken. Aufgrund reiner Zweckmäßigkeitserwägungen wurde die Konstruktion des abstrakten Gefährdungsdeliktes gewählt, ohne dass die Drohung eine unerträglich gefährliche Einzelhandlung darstellt, die zu gravierenden Schadensereignissen oder Großgefahren führen kann. Dies wird jedoch zur Legitimation des in der Strafe liegenden gewichtigen sozialethischen Tadels verlangt, weil andernfalls der Unwertgehalt der Tat zu niedrig ist. Durch den Verzicht auf einen Erfolg erfasst § 241 I StGB Fälle, in denen der Drohende den Bedrohten als furchtlosen Mann kennt, eine Verletzung des Schutzgutes also nicht eintreten kann. Durch den zusätzlichen Verzicht auf eine böse Gesinnung oder böse Absicht des Täters sinkt auch der Handlungsunwert. Damit sind Fälle erfasst, deren Unwertgehalt so niedrig ist, dass die Untergrenze des Strafrechts nicht überschritten wird. In diesen Fällen erfordert die Bedrohung nicht den in der Strafe liegenden gewichtigen sozialethischen Vorwurf. § 241 I StGB und § 241 II StGB, auf den die Ergebnisse übertragen werden können, müssen daher als Erfolgsdelikte ausgestaltet werden um Strafe zu legitimieren.

2. Legitimation strafrechtlicher Reaktion in Bezug auf die angedrohte Tat

Die Legitimationsgrundlage für Sicherungsmaßnahmen kann nur die Gefährlichkeit des Drohenden sein. Im Falle der Drohung ergibt sich die Gefährlichkeit jedoch nicht aus einer Prognose in dem Sinne, dass der Täter nicht in der Lage ist, sich in bestimmten Situationen normgerecht verhalten zu können, sondern aus der Drohung selbst. Der verantwortliche Täter wird beim Wort genommen. Die Drohung wird als Beleg für die Gefährlichkeit des Täters betrachtet. Die Annahme der Gefährlichkeit des Täters und mithin die Legitimationsgrundlage der Sicherungsmaßnahme müssen daher mit dem Widerruf der Drohung entfallen. Dieser Widerruf kann in Form eines Versprechens, die Tat nicht ausführen zu wollen, erfolgen. Der spezialpräventive Effekt, der im Falle einer ernst gemeinten Drohung durch eine Sicherungsmaßnahme erreicht werden kann, ist der, dass dem Täter bewusst gemacht wird, dass die Normen auch ihm gegenüber Geltung beanspruchen und auf einen Normbruch unausweichlich Strafe folgen wird. Dieser Zweck kann mit der Aufforderung an den Täter, die Nichtbegehung der angedrohten Tat zu versprechen, erreicht werden, wenn das Versprechen durch Beugehaft erzwungen werden kann. Die Aufforderung zum Versprechen stellt daher die denkbar mildeste Art einer Sicherungsmaßnahme dar und ist auch als vorläufige Sicherungsmaßnahme im Strafprozess verhältnismäßig.

II. Formulierungsvorschlag

1. Aus den gewonnenen Erkenntnissen lässt sich daher folgende Neuformulierung des § 241 StGB ableiten:

> (1) Wer einen anderen Menschen durch Bedrohung mit der Begehung eines gegen ihn oder eine ihm nahestehende Person gerichteten Verbrechens in Angst und Schrecken versetzt, wird mit Freiheitsstrafe bis zu einem Jahr oder mit Geldstrafe bestraft.
>
> (2) Wer einen anderen Menschen durch die Vortäuschung wider besseren Wissens, dass die Verwirklichung eines gegen ihn oder eine ihm nahestehende Person gerichteten Verbrechens bevorstehe, in Angst und Schrecken versetzt, wird mit Freiheitsstrafe bis zu einem Jahr oder mit Geldstrafe bestraft.
>
> (3) Im Falle einer ernst gemeinten Drohung hat der Richter den Drohenden auf die Geltung der Norm, deren Bruch angedroht worden ist, und auf die dem Normbruch folgende Strafe hinzuweisen und das Versprechen abzunehmen, die Tat nicht auszuführen. Verweigert der Drohende das Versprechen, so ist er durch Beugehaft dazu anzuhalten. Die Haft darf nur dann und nur solange erfolgen, wie der Täter die Fähigkeit zur Ablegung des Versprechens besitzt und nicht andere Umstände ergeben, dass die Drohung nicht ernst gemeint ist.

2. Eine vorläufige Sicherungsmaßnahme im Strafprozessrecht kann in einem § 126 b StPO folgendermaßen ausgestaltet werden:

> Ist der Beschuldigte einer ernst gemeinten Drohung im Sinne des § 241 III StGB dringend verdächtig, so kann das Gericht die Rechtsfolgen des § 241 III StGB zur Anwendung kommen lassen. Die Rechtsfolgen werden durch schriftlichen Befehl des Richters angeordnet. Für den Inhalt gilt § 114 II Nr. 1, 2 und 4 entsprechend. § 115 gilt entsprechend. Sollte in der Vernehmung der dringende Tatverdacht bestehen bleiben, so gilt § 241 III StGB entsprechend. Im Falle eines Freispruchs sind die Maßnahmen aufzuheben.

Anhang: Gesetzestexte

I. Gesetzestexte zur Rechtsgeschichte

1. Die Peinliche Gerichtsordnung Kaiser Karls V. von 1532 (Constitutio criminalis Carolina)[i]

Von straff oder versorgung der personen von den man auß ertzeygten vrsachen, übels und missethatt warten muß

176. Item so eyner eyn vrphed freuenlich oder fürsetzlich verbrochen, sachen halben, darumb er das leben nit verwirckt hat, Item ob eyner über vorgeübte nachgelassene vnd gerichte missethat mit worten oder schrifften andern dergleichen übels zuthun, doch sunst on weitther beschwerlich vmbstende trohet, Vnnd aber darmit nit souil gethan hett, daß jm darumb das leben (wie hernach imm hundersten vnd acht vnd sibentzigsten artickel anfahend, Item so sich jemandt eyner mißthatt etc. von vnderstanden missethatten geschriben steht) genommen werden möchte, vnd auß jetztgemelten oder andern gnugsamen vrsachen, eyner person nit zu vertrawen oder zu glauben wer, daß sie die leut gewaltsamer thätlicher beschedigung vnd übels vertrüge, vnd bei recht vnd billicheyt bleiben ließ, vnd sich solchs zu recht gnug erfünde, vnnd dann die selbig person, deßhalb keyn notturfft caution, gewißheyt oder sicherheyt machen kündt, solchen künfftigen vnrechtlichen schaden vnd übel zu fürkommen, soll die selbig vnglaubhafftige boßhafftige person inn gefengknuß, als lang biß die nach erkantnuß des selben gerichts gnugsame caution sicherung, vnd bestandt für solche vnrechtliche thätliche handlung thut, durch die schöpffen rechtlich erkant werden, jedoch sol solch straff nit leichtuertiglich oder on mergklich verdechtlicheyt künfftigs übels (als obsteht) sonder mit radt der rechtuerstendigen beschehen. Vnd soll solcher gefangen inn dem gericht, darinn er also beklagt vnnd überwunden wirdet, enthalten werden.Vnd wo er sich von seinen selbs güttern, inn solcher gefengknuß zu enthalten nicht vermöcht, so soll alßdann durch den ankläger zu seiner enthaltnuß dem büttel sein gebürlich wartgelt, nach ermessung des richters gegeben werden, vnd er der ankläger derhalb zimlichen bestandt thun. Wo nun der ankläger solchen kosten auch nit vermöcht, soll die oberkeyt den selben kosten tragen. So aber der gemelt gefangen inn dem selben oder andern gerichten an seinen güttern, als vil hette, dauon obgemelte sein enthaltung vnd verwarung gar oder zum theyl beschehen kündt, die sollen zu derselben vnderhaltung on der oberkeyt verhinderung gebraucht werden.

2. Die Gesetzestexte der Strafgesetzbücher aus dem 18. Jahrhundert

(1) Codex Juris Bavarici Criminalis von 1751

1. Teil, 8. Kapitel, crimen vis private. wie auch Bedrohungen,
§ 7. Wegen geringerer Gewaltthätigkeiten aber, welche nur in Rauff-Händeln oder sonst aus Uebermuth begangen werden, ohne das Securitas publica, eben so sehr darunter leyden wollte, hat jedes Orths Obrigkeit nicht nur die gebührende Abstell- sondern auch die Bestraffung zu thun. Und im Fall eine Gewaltthätigkeit nicht wirklich ausgeübt, sondern nur mündlich oder schriftlich ohne Befehdung bedroht wird; so ist der Bedrohende nicht nur nach Gestalt der Bedrohung arbitrariè zu straffen, sondern auch mit persönlichen Arrest in so lang anzuhalten, bis er annehmliche Caution de non offendendo geleistet habe wird.
crimen vis puclicae,
§ 6. Andere schwere Vergewaltigungen, wodurch die offene freye Straß in Unsicherheit gesetzt, oder beunruhiget, die Leuth in ihren Wohnungen überfallen, und übel tractiret, oder fortgeschleppt, zu unbilligen Dingen gezwungen, Tumult und Zulauf erregt, ertheiltes sicheres Geleit oder verruffenes Friedbott gebrochen, der Gottesdienst gestöhret, privilegirte Orth oder Personen gröblich violiret, der rechtmäßigen Obrigkeit Widerstand bezeigt, Inhaftirte aus denen Gefängnissen oder gerichtlichen Händen entrissen, ganze Gemeinden durch Befehdungs-Brief, oder aufgesteckte Brand-Zeiche in Schröcken und Gefahr gesetzt, Wachten insultiret, oder andere dergleichen, die gemeine Ruh stöhrende Thätlichkeiten und Insolenzien ausgeübt werden, seynd zwar nur so weit sie nicht etwan in das Punctum furti, rapinae, latrocinii, fractae pacis, laefae Majestatis, oder andere benannte Special-Verbrechen mit einschlagen, willkührlich jedoch malefizisch, und nach Beschaffenheit der begangenen Gewalthat und Gefährde, an Leib und Leben zu strafen.

(2) Constitutio Criminalis Theresiana von 1769

Art. 73, § 5. Ingleichen die Absagere: die Absageren, oder Befehdung aber ist eine feindliche Bedrohung, wodurch Jemand dem anderen (es seye einer Gemeinde, Dorfschaft, oder Privat-Person) als seinem Feind durch einiges Wahrzeichen, als Steckbefehdungs- oder Brandbriefe, Brandzeichen, als schwarzgepulvertes Papier, rothen Hahn die äusserste Verfolgung am Leib, und Lebe, oder am Gut dergestalten ankündigt, daß andurch der gemeine Fried verlezet, und dem Bedroheten Schrecken, und Gefahr zugezogen wird.

§ 9. Hem diejenige, welche ausser einer förmlichen Absag- und Befehdung denen Gemeinden, oder Privat-Personen Brand, Mord, und Tod, und allerhand Uebel, Unheil, und Gewaltthätigkeiten mit Schriften, oder Worten boshaft und gefährlicher Weise bedrohen. Wo allemal auf die Beschaffenheit, und Umstände der Bedrohung, des Bedrohers, und des Bedrohten, und hauptsächlich darauf Acht zu haben ist: ob der Bedroher einige Anhalten zu Bewerkstelligung seiner Drohworten gemacht? oder sonst ein so verwegender Bösewicht seye, daß man sich der Thatvollstreckung gar wohl zu ihme versehen möge.

§ 12. Um nun gegen vorbemeldte Uebelthäter die gebührende Straffen auszusetzen, da ordnen Wir, daß

Erstlich: Die Landesfriedenbrecher, die Vergewaltigere fremder Leuten in ihrer Wohnung, dann die Vorlaurer, und hinterlistige Nachsteller, wie auch die Befehdere, und Absagere wegen ihres in §. 2. 3. 4. und 5. angeführten Verbrechens nebst allmaliger Verwirkung ihres Haab, und Guts insgemein, und um so unbedenklicher, wenn beschwerende Umstände darzu stossen, dem Schwerdschlag, bey unterwaltend-linderenden Umständen aber einer wohlempfindlichen Leibstraffe zu unterliegen haben; dann

Fünftens: In Betreff deren, von welchen Uebel, und Unheil zu befürchten stehet, anzumerken ist: daß, wenn solch-gefährliche Leute durch ihr Verbrechen das Leben nicht verwirket haben, die Gemeinde, oder die Privat-Person, von welcher die Gefahr mit guten Grund besorget wird, für sich, und die ihrige von dem Bedrohenden, bevorab der die Drohungen ins Werk zu setzen pfleget, und thun kann, nach Gestalt, und Beschaffenheit der Bedrohung eine genugsame Versicherung für alle Widerwärtigkeit, und Gewalt begehren möge, und der Bedrohende solche mit seinen liegenden Gütern, mit Bürgen, oder Pfändern zu leisten, oder auf dessen Verweigerung in der Gefängnis zu bleiben schuldig seye.

Da aber der Bedrohende mit hinlänglicher Verbürgung nicht aufkommen, und wegen der bey demselben verspürenden Rachgier, Verwegen- und Bosheit dessen endlichen Versicherung nicht zugetraut werden könnte, so ist derselbe nach wohl erwogenen Ermessen des Richters fortan, und in solang, als die Gefahr der gewaltsam-tödlichen Beschädigung, und Uebels obschwebet, in gefänglich-sicherer Verwahrung anzuhalten.

Es kann auch der Richter bisweilen von Amtswegen dergleichen Versicherung vor Schaden selbst begehren, oder einen, von deme Land, und Leut eine Gefahr zu erwarten haben, in so lang, bis genugsame Sicherheit verschafft wird, gefänglich verwahren.

(3) Das Strafrecht des allgemeinen Landrechts für die preußischen Staaten von 1794

II. Teil, 20. Titel, 17. Abschnitt, § 1535. Wer aus Bosheit oder Mutwillen, durch gefährliche Drohungen von Feueranlegen und Brandstiftungen seine Mitbürger beunruhigt; der hat Zuchthausstrafe von 6 Monaten bis zu 2 Jahren verwirkt.
§ 44. Auch bloße Drohungen, ein gewisses Verbrechen begehen zu wollen, sind strafbar und verpflichten den Staat zu Maßregeln, wodurch der Bedrohte in Sicherheit gesetzt wird.
§ 534. Der Bedrohte ist befugt, Sicherheitsstellung durch Pfand oder Bürgen zu fordern, solange die nach Umständen wahrscheinliche Gefahr fortdauert.

3. Die Gesetzestexte der Strafgesetzbücher aus dem 19. Jahrhundert[ii]

(1) Strafgesetzbuch für das Königreich Würtemberg vom 1. März 1839

Besonderer Teil, 2. Titel, 3. Kapitel: Von Handlungen wider die Freiheit der Person
Art. 282. Gefährliche Drohungen, welche mündlich oder schriftlich gegen einen Andern ausgestoßen werden, sind, sofern nicht bei einzelnen Verbrechen schwerere Strafe darauf gesetzt ist, an dem Thäter, auf Klage des Bedrohten, mit Gefängniß bis zu sechs Monaten zu ahnden.

(2) Criminalgesetzbuch für das Herzogthum Braunschweig vom 10. Juli 1840

2. Buch, Titel II, 1. Abschnitt. Kapitel IV. Verbrechen wider die Freiheit der Person
§ 179. Wer nicht gefährliche Drohungen anwendet, um sich oder Anderen einen rechtswidrigen Vortheil zu verschaffen, oder um Jemanden zu einer Handlung, Duldung oder Unterlassung rechtswidrig zu nöthigen, oder Andere mit der Verübung von Verbrechen bedrohet, soll, wenn mit Mord oder Brandstiftung gedrohet worden, Zwangsarbeit nicht unter Ein Jahr, sonst Gefängnis bis von Einem Jahre oder verhältnismäßige Geldstrafe erleiden.
2. Buch, Titel I, Kapitel III. Verbrechen gegen die öffentliche Ordnung
§ 103. Wer die Bewohner einer ganzen Ortschaft durch Brandzeichen oder durch Drohbriefe mit Mord, Raub oder Brand bedrohet, erleidet Zwangsarbeit nicht unter Ein Jahr; wer öffentlich gefährliche Drohungen ausstößt, oder Brand- oder Drohbriefe wissentlich auslegt oder verbreitet, Gefängniß bis von Einem Jahre.

(3) Criminalgesetzbuch für das Herzogthum Sachsen-Altenburg vom 3.Mai 1841

2. Teil, 6. Kapitel: Von Verletzungen der persönlichen Freiheit
Art. 170. Bedrohung
Bedrohung mit widerrechtlichen Handlungen außer den im Art. 166 und Art. 167 gedachten Fällen ist, unter Berücksichtigung der angedrohten Uebel und der Verhältnisse des Bedrohers und des Bedrohten mit Gefängnißstrafe von sechs Tagen bis zu Einem Jahre, oder Arbeitshausstrafe bis zu vier Jahren zu ahnden. Uebersteigt die Gefängnißstrafe nicht drei Wochen, so ist auch Geldstrafe zulässig. Jedoch kann wegen Bedrohung mit solchen widerrechtlichen Handlungen, welche nur auf den Antrag des Verletzten oder einer sonst dazu gesetzlich berechtigten Person zu Untersuchung und Bestrafung zu ziehen sind, eine Untersuchung ebenfalls nur auf Antrag der erwähnten Personen angestellt werden.

(4) Strafgesetz für das Großherzogthum Hessen vom 17. September 1841

2. Theil, Titel XVII. Von Gewaltthätigkeiten u. Drohungen
Art. 171. Wer gegen einen Anderen, ohne die Absicht, ihn zu einer Handlung, Duldung oder Unterlassung zu nöthigen, mündlich oder schriftlich gefährliche Drohungen ausgestoßen hat, wird, sofern nicht bei einzelnen Verbrechen schwerere Strafe darauf gesetzt ist, wenn die Verwirklichung der Drohung mit Grund zu befürchten steht, auf Klage des Bedrohten mit Correctionshaus bis zu sechs Monaten bestraft, oder, nach Maßgabe der Umstände, zur Stellung unter polizeiliche Aufsicht auf sechs Monate bis zu vier Jahren oder zur Sicherheitsleistung für eine Zeit von gleicher Dauer verurtheilt.

(5) StGB für das Großherzogtum Baden vom 6. März 1845

2. Theil, XVIII. Titel. Von widerrechtlichem Gefangenhalten, dem Verbrechen der Gewaltthätigkeit, unerlaubter Selbsthülfe und strafbaren Drohungen
§ 280. (Drohungen und Vorbereitungshandlungen.) Wer einen Anderen, ohne die Absicht einer Nöthigung (S. 278), mit verbrecherischen Angriffen auf Leib oder Leben, oder mit Brandstiftung, oder einem andern, auf Beschädigung oder Zerstörung von Sachen gerichteten, Verbrechen (Titel XXXIX. und XL.) schwererer Art, schriftlich oder mündlich bedroht, und ebenso, wer Handlungen unternommen hat, wodurch die Ausführung eines von ihm beabsichtigten Verbrechens der bezeichneten Art gegen einen

Anderen vorbereitet wurde, wird, wenn die Verwirklichung der Drohung, oder die wirkliche Ausführung des vorbereiteten Verbrechens mit Grund zu befürchten ist, auf Anzeige des Andern zur Stellung unter polizeiliche Aufsicht (§§ 27. bis 29.) verurtheilt.

§ 281. (Verfall der Sicherheitssumme.) Hatte eine Befreiung von der polizeilichen Aufsicht gegen Sicherheitsleistung stattgefunden, so verfällt die Sicherheitssumme (§. 30.), wenn binnen der Zeit, für welche die Sicherheit geleistet ist, von dem Urheber der Drohung oder der Vorbereitungshandlungen die angedrohte oder vorbereitete, oder eine andere strafbare Verletzung gegen den Bedrohten vorsätzlich verübt oder versucht wird.

§ 282. (Nur theilweise.) Ist die wirklich zugefügte Verletzung eine geringere, als die früher gedrohte oder vorbereitete, so kann die Sicherheitssumme nur zu einem verhältnismäßigen Theile für verfallen erklärt werden.

(6) Strafgesetzbuch für das Herzogthum Nassau vom 14. April 1849

2. Theil, Titel XVII. Von Gewaltthätigkeiten und Drohungen

Art. 169. Wer einen Anderen, ohne die Absicht, ihn zu einer Handlung, Duldung oder Unterlassung zu nöthigen, mündlich oder schriftlich mit verbrecherischen Angriffen bedroht hat, wird, sofern nicht bei einzelnen Verbrechen schwerere Strafe darauf gesetzt ist, wenn die Verwirklichung der Drohung mit Grund zu befürchten steht, auf Klage des Bedrohten zur Stellung unter polizeiliche Aufsicht auf sechs Monate bis zu vier Jahren oder zur Sicherheitsleistung für eine Zeit von gleicher Dauer verurtheilt.

(7) Strafgesetzbuch für die Thüringischen Staaten von 1850

2. Teil, 6. Kapitel: Von Verletzungen der persönlichen Freiheit

Art. 160. Bedrohung mit widerrechtlichen Handlungen aus Haß, Feindschaft, Neid oder Muthwillen, wobei keine Handlung, Duldung oder Unterlassung des Anderen zu erreichen beabsichtigt wird, sind, wenn sie irgend einer Besorgnis zu erregen geeignet sind, unter Berücksichtigung der angedrohten Uebel und der Verhältnisse des Bedrohers und des Bedrohten, auf Antrag des letzteren mit Gefängnißstrafe bis zu zwei Jahren zu ahnden. Uebersteigt die Gefängnißstrafe nicht die Dauer von drei Wochen, so kann verhältnismäßige Geldstrafe an die Stelle treten.

(8) Strafgesetzbuch für die preußischen Staaten von 1851

2. Theil, 17. Titel. Verbrechen und Vergehen wider die persönliche Freiheit
§ 213. Wer einen Anderen mit Brand oder Ueberschwemmung bedroht, wird mit Gefängnis von zwei Monaten bis zu einem Jahre bestraft.

(9) Das Strafgesetz für das Kaiserthum Österreich vom 27. Mai 1852

1. Theil, 9. Hauptstück. Von öffentlicher Gewaltthätigkeit
§ 99. Dreizehnter Fall. Wer die im §. 98. bezeichnete und auf die dort angegebene Art zur Erregung gegründeter Besorgnisse geeignete Drohung bloß in der Absicht anwendet, um einzelne Personen, Gemeinden oder Bezirke in Furcht und Unruhe zu versetzen, begeht das Verbrechen der öffentlichen Gewaltthätigkeit durch gefährliche Drohung.
§ 100. Die Strafe der vorstehenden zwei, in den §§. 98. und 99. bezeichneten Verbrechen ist schwerer Kerker von sechs Monaten bis zu Einem Jahre.
Unter erschwerenden Umständen, insbesondere, wenn durch die zugefügte Gewalt oder gefährliche Bedrohung der Mißhandelte durch längere Zeit in einem qualvollen Zustand versetzt worden ist; - wenn mit Mord oder Brandlegung gedroht wird; - wenn die angedrohte Beschädigung den Betrag von tausend Gulden, oder der Schade, welcher aus der zu erzwingenden Leistung, Duldung oder Unterlassung hervorgehen würde, den Betrag von dreihundert Gulden übersteigt; - wenn die Drohung gegen ganze Gemeinden oder Bezirke gerichtet wäre, so ist die Strafe mit schwerem Kerker von Einem bis zu fünf Jahren auszumessen.

(10) Strafgesetzbuch für das Königreich Sachsen vom 13. August 1855

2. Theil, 6. Kapitel. Von Verbrechen gegen die persönliche Freiheit
Art. 206. Bedrohung mit widerrechtlichen Handlungen aus Haß, Neid oder sonst aus Bosheit oder Muthwillen, wobei keine Handlung, Duldung oder Unterlassung des Anderen zu erreichen beabsichtigt wird, ist, wenn sie irgend eine Besorgnis zu erregen geeignet ist, unter Berücksichtigung der angedrohten Uebel und der Verhältnisse des Bedrohers und des Bedrohten, mit Gefängnis oder Arbeitshaus bis zu zwei Jahren zu bestrafen. Uebersteigt die Gefängnißstrafe nicht die Dauer von sechs Wochen, so kann statt derselben auf Geldstrafe bis zu Einhundertundfünfzig Thalern erkannt werden.
Art. 207. Wegen Nöthigung und Bedrohung ist ein Strafverfahren nur auf Antrag einzuleiten.

(11) Strafgesetzbuch für das Herzogtum Oldenburg vom 3. Juli 1858

II. Theil, 16. Titel, Verbrechen und Vergehen wider die persönliche Freiheit
Art. 196. Wer einen Anderen mit Brand oder Ueberschwemmung bedroht, wird mit Gefängnis von 2 Monaten bis zu 1 Jahr bestraft.

(12) Strafgesetzbuch für das Königreich Bayern vom 10. November 1861

II. Abteilung, 17. Hauptstück: Raub, Erpressung, Vergewaltigung und Bedrohung
Art. 305. Wer unter Umständen, die zur Erregung ernster Besorgnisse geeignet sind, einen Andern mit körperlicher Mißhandlung oder mit Verübung eines Verbrechens oder Vergehens bedroht, soll mit Arrest bis zu 14 Tagen oder an Geld bis zu 50 fl. bestraft werden. Im Wiederholungsfalle kann die Arreststrafe bis zu 42 Tagen erhöht werden, und es ist außerdem Stellung unter Polizeiaufsicht zulässig. In weiteren Wiederholungsfällen kann nach Umständen die Zulässigkeit der Verwahrung in einer Polizeianstalt ausgesprochen werden.
Art. 306. Strafverfolgung nur auf Antrag des Bedrohten oder seines gesetzlichen Vertreters.
Art. 307. Wer über die Bewohner einer oder mehrerer Ortschaften durch Bedrohung mit Mord, Raub, Störung des öffentlichen Friedens, Brandstiftung oder Ueberschwemmung, Unruhe oder Besorgnis verbreitet, soll mit Gefängnis bis zu 3 Jahren bestraft werden, im Falle der beabsichtigten Erpressung mit Zuchthaus.

(13) Strafgesetzbuch für das Deutsche Reich von 1871

§ 241. Wer einen anderen mit der Begehung eines Verbrechens bedroht, wird mit Gefängniß bis zu sechs Monaten oder mit Geldstrafe bis zu einhundert Thalern bestraft.

(14) Der Entwurf zur Strafrechtsnovelle von 1876[iii]

Die Friedensbürgschaft
§ 39 a: Neben einer Freiheits- oder Geldstrafe kann in den durch das Gesetz vorgesehenen Fällen auf die Leistung von Friedensbürgschaft im Betrage von 30 bis 3000 Mark und für die Zeitdauer von einem Monat bis zu einem Jahre erkannt werden.
Diese Zeit wird von dem Tage berechnet, an welchem die Freiheits- oder Geldstrafe verbüsst, verjährt oder erlassen ist.

§ 39 b: Der zur Leistung der Friedensbürgschaft Verurtheilte hat auf Höhe des festgesetzten Betrages durch Hinterlegung in baarem Gelde oder in Werthpapieren, durch Pfandbestellung oder mittelst Bürgschaft geeigneter Personen Sicherheit dafür zu leisten, dass er während der festgesetzten Zeit die in dem Erkenntnisse angegebene strafbare Handlung nicht begehen werde.

Ueber die Güte der durch Hinterlegung von Werthpapieren, durch Pfandbestellung oder mittelst Bürgschaft zu leistenden Sicherheit entscheidet der Richter nach freiem Ermessen.

Solange die Sicherheit nicht geleistet wird, ist der Verurtheilte in Haft zu nehmen.

§ 39 c: Hat der zur Leistung von Friedensbürgschaft Verurtheilte während der im Erkenntnisse festgesetzten Zeit den ihm auferlegten Frieden gewahrt, so wird die bestellte Sicherheit frei.

Auch vor Ablauf der festgesetzten Zeit kann der Richter die Sicherheit freigeben oder von der Bestellung derselben absehen, wenn diese in Folge veränderter Umstände entbehrlich wird.

Die noch nicht freigewordene Sicherheit verfällt der Staatskasse, wenn der Verurtheilte den ihm auferlegten Frieden bricht. Als Friedensbruch gilt auch der Versuch der von der Friedensbürgschaft betroffenen Handlung.

II. Gesetzestexte zur Rechtsvergleichung: amerikanische Gesetzestexte[lv]

1. The American Law Institute's Model Penal Code

§ 211.3. Terroristic Threats

A person is guilty of a felony of the third degree if he threatens to commit any crime of violence with purpose to terrorize another or to cause evacuation of a building, place of assembly, or facility of public transportation, or otherwise to cause serious public inconvenience, or in reckless disregard of the risk of causing such terror or inconvenience.

2. Alaska Statutes.

Title 11. Criminal Law

Chapter 41. Offenses Against the Person

Section 220. Assault in the Third Degree

previous: Section 210. Assault in the Second Degree.
next: Section 230. Assault in the Fourth Degree.

AS 11.41.220. Assault in the Third Degree.

(a) A person commits the crime of assault in the third degree if that person

(1) recklessly

(A) places another person in fear of imminent serious physical injury by means of a dangerous instrument;

(B) causes physical injury to another person by means of a dangerous instrument; or

(C) while being 18 years of age or older

(i) causes physical injury to a child under 10 years of age and the injury reasonably requires medical treatment;

(ii) causes physical injury to a child under 10 years of age on more than one occasion;

(2) with intent to place another person in fear of death or serious physical injury to the person or the person's family member makes repeated threats to cause death or serious physical injury to another person; or

(3) while being 18 years of age or older, knowingly causes physical injury to a child under 16 years of age but at least 10 years of age and the injury reasonably requires medical treatment.

(b) In a prosecution under (a)(3) of this section, it is an affirmative defense that, at the time of the alleged offense, the defendant reasonably believed the victim to be 16 years of age or older, unless the victim was under 13 years of age at the time of the alleged offense.

(c) In this section, "the person's family member" means

(1) a spouse, child, grandchild, parent, grandparent, sibling, uncle, aunt, nephew, or niece, of the person, whether related by blood, marriage, or adoption;

(2) a person who lives or has lived, in a spousal relationship with the person;

(3) a person who lives in the same household as the person; or

(4) a person who is a former spouse of the person or is or has been in a dating, courtship, or engagement relationship with the person.

(d) Assault in the third degree is a class C felony.

3. Arizona statutes.

13-1202. Threatening or intimidating; classification

A. A person commits threatening or intimidating if such person threatens or intimidates by word or conduct:

1. To cause physical injury to another person or serious damage to the property of another; or

2. To cause, or in reckless disregard to causing, serious public inconvenience including, but not limited to, evacuation of a building, place of assembly, or transportation facility; or

3. To cause physical injury to another person or damage to the property of another in order to promote, further or assist in the interests of or to cause, induce or solicit another person to participate in a criminal street gang, a criminal syndicate or a racketeering enterprise.

B. Threatening or intimidating pursuant to subsection A, paragraph 1 or 2 is a class 1 misdemeanor. Threatening or intimidating pursuant to subsection A, paragraph 3 is a class 4 felony.

4. Arkansas statutes.

5-13-301. Terroristic threatening.
(a)(1) A person commits the offense of terroristic threatening in the first degree if:

(A) With the purpose of terrorizing another person, he threatens to cause death or serious physical injury or substantial property damage to another person; or

(B) With the purpose of terrorizing another person, he threatens to cause physical injury or property damage to a teacher or other school employee acting in the line of duty.

(2) Terroristic threatening n the first degree is a Class D felony.

(b)(1) A person commits the offense of terroristic threatening in the second degree if, with the purpose of terrorizing another person, he threatens to cause physical injury or property damage to another person.

(2) Terroristic threatening in the second degree is a Class A misdemeanor.

(c) ...

5. Connecticut statutes.

Assault and related offenses
Sec. 53a-62. Threatening: Class A misdemeanor.

(a) A person is guilty of threatening when:
(1) By physical threat, he intentionally places or attempts toplace another person in fear of imminent serious physical injury, or
(2) he threatens to commit any crime of violence with the intent to terrorize another, to cause evacuation of a building, place of assembly, or facility of public transportation, or otherwise to cause serious public inconvenience, or
(3) he threatens to commit such crime in reckless disregard of the risk of causing such terror or inconvenience.
(b) Threatening is a class A misdemeanor

6. Delaware statutes.

Offenses against the person;
Aussault and related offenses

§ 621. Terroristic threatening; class G felony; class A misdemeanor; penalties.

(a) A person is guilty of terroristic threatening when:
(1) The person threatens to commit any crime likely to result in death or in serious injury to person or property; or
(2) The person makes a false statement or statements:
a. Knowing that the statement or statements are likely to cause evacuation of a building, place of assembly or facility of public transportation; or
b. Knowing that the statement or statements are likely to cause serious inconvenience; or
c. In reckless disregard of the risk of causing terror or serious inconvenience.
(b) Any violation of subsection (a)(1) of this section shall be a class A misdemeanor. Any violation of subsection (a)(2) of this section shall be a class G felony, unless the place at which the risk of evacuation, serious inconvenience or terror is created is a place which has the purpose, in whole or in part, of acting as a daycare facility, nursery or preschool, kindergarten, elementary,

secondary or vocational-technical school, in which case it shall be a class F felony.
Notwithstanding any provision of this subsection to the contrary, a first offense of subsection (a)(2) of this section by a person age 17 or younger shall be a class A misdemeanor.
(c) In addition to the penalties otherwise authorized by law, any person convicted of an offense in violation of subsection (a)(2) of this section shall:
(1) Pay a fine of not less than $1,000 nor more than $2,500, which fine cannot be suspended; and
(2) Be sentenced to perform a minimum of 100 hours of community service.

(11 Del. C. 1953, § 621; 58 Del. Laws, c. 497, § 1; 67 Del. Laws, c. 130, § 8; 70 Del. Laws, c. 186, § 1; 70 Del. Laws, c.
330, § 1.)

7. Georgia statutes.

16-11-37.

(a) A person commits the offense of a terroristic threat when he threatens to commit any crime of violence or to burn or damage property with the purpose of terrorizing another or of causing the evacuation of a building, place of assembly, or facility of public transportation or otherwise causing serious public inconvenience, or in reckless disregard of the risk of causing such terror or inconvenience. No person shall be convicted under this subsection on the uncorroborated testimony of the party to whom the threat is communicated.

(b) A person commits the offense of a terroristic act when:

(1) He uses a burning or flaming cross or other burning or flaming symbol or flambeau with the intent to terrorize another or another's household; or

(2) While not in the commission of a lawful act, he shoots at or throws an object at a conveyance which is being operated or which is occupied by passengers.

(c) A person convicted of the offense of a terroristic threat or act shall be punished by a fine of not more than $1,000.00 or by imprisonment for not less than one nor more than five years, or both.

(d) A person who commits or attempts to commit a terroristic threat or act with the intent to retaliate against any person for:

(1) Attending a judicial or administrative proceeding as a witness or party or producing any record, document, or other object in a judicial or official proceeding; or

(2) Providing to a law enforcement officer, adult or juvenile probation officer, prosecuting attorney, or judge any information relating to the commission or possible commission of an offense under the laws of this state or of the United States or a violation of conditions of bail, pretrial release, probation, or parole

shall be guilty of the offense of a terroristic threat or act and, upon conviction thereof, shall be punished by imprisonment for not less than five nor more than ten years or by a fine of not less than $50,000.00, or both.

8. Hawaii statutes.

offenses against the person;
aussault and related offenses

§707-715 Terroristic threatening, defined. A person commits the offense of terroristic threatening if the
person threatens, by word or conduct, to cause bodily injury to another person or serious damage to property of another or to commit a felony:

(1) With the intent to terrorize, or in reckless disregard of the risk of terrorizing, another person; or

(2) With intent to cause, or in reckless disregard of the risk of causing evacuation of a building, place of assembly, or facility of public transportation. [L 1972, c 9, pt of §1; am L 1979, c 184, §1(1); gen ch 1993]

§707-716 Terroristic threatening in the first degree. (1) A person commits the offense of terroristic
threatening in the first degree if the person commits terroristic threatening:

(a) By threatening another person on more than one occasion for the same or a similar purpose; or

(b) By threats made in a common scheme against different persons; or

(c) Against a public servant, including but not limited to an educational worker, who for the purposes of this section shall mean an administrator, specialist, counselor, teacher, or other employee of the department of education, or a volunteer as defined by section 90-1, in a school program, activity, or function that is established, sanctioned, or approved by the department of education, or a person hired by the department of education on a contractual basis and engaged in carrying out an educational function; or

(d) With the use of a dangerous instrument.

(2) Terroristic threatening in the first degree is a class C felony.
[L 1979, c 184, pt of §1(2); am L 1989, c 131, §1; gen ch 1992]

§707-717 Terroristic threatening in the second degree.

(1) A person commits the offense of terroristic threatening in the second degree if the person commits terroristic threatening other than as provided in section 707-716.

(2) Terroristic threatening in the second degree is a misdemeanor. [L 1979, c 184, pt of §1(2); gen ch 1993]

9. Kansas statutes.

21-3419.

Chapter 21.--CRIMES AND PUNISHMENTS
PART II.--PROHIBITED CONDUCT
Part 2.--Prohibited Conduct
Article 34.--CRIMES AGAINST PERSONS

21-3419. Criminal threat. (a) A criminal threat is any threat to:

(1) Commit violence communicated with intent to terrorize another, or to cause the evacuation of any building, place of assembly or facility of transportation, or in reckless disregard of the risk of causing such terror or evacuation; or

(2) adulterate or contaminate any food, beverage, drug or public water supply.

(b) A criminal threat is a severity level 9, person felony.

(c) As used in this section, "threat" includes any statement that one has committed any action described by subsection (a)(1) or (2).

History: L. 1969, ch. 180, § 21-3419; L. 1984, ch. 116, § 1; L. 1992, ch. 298, § 14; L. 1993, ch. 291, § 32; July 1.

21-3419a. Aggravated criminal threat. (a) Aggravated criminal threat is the commission of one or more crimes of criminal threat, as defined in K.S.A. 21-3419 and amendments thereto, when a public, commercial or industrial building, place of assembly or facility of transportation is evacuated as a result of the threat or threats.

(b) Aggravated criminal threat is a severity level 6, person felony when the loss of productivity measured by the total wages and salaries of all persons evacuated as a result of the threat or threats for the period of evacuation is less than $500.

(c) Aggravated criminal threat is a severity level 5, person felony when the loss of productivity measured by the total wages and salaries of all persons evacuated as a result of the threat or threats for the period of evacuation is at least $500 but less than $25,000.

(d) Aggravated criminal threat is a severity level 4, person felony when the loss of productivity measured by the total wages and salaries of all persons evacuated as a result of the threat or threats for the period of evacuation equals or exceeds $25,000.

History: L. 1997, ch. 181, § 1; May 29.

10.Nebraska statutes.

28-311.01. Terroristic threats; penalty. (1) A person commits terroristic threats if
he or she threatens to commit any crime of violence:

(a) With the intent to terrorize another;

(b) With the intent of causing the evacuation of a building, place of assembly, or facility of public transportation; or

(c) In reckless disregard of the risk of causing such terror or evacuation.

(2) Terroristic threats is a Class IV felony.

Source:

Laws 1986, LB 956, § 11.

11.New Hampshire statutes.

TITLE 62

Criminal Code

CHAPTER 631
Assault and Related Offenses

SECTION 631:4

§ 631:4 Criminal Threatening. – I. A person is guilty of criminal threatening when:

(a) By physical conduct, the person purposely places or attempts to place another in fear of imminent bodily injury or physical contact; or

(b) The person places any object or graffiti on the property of another with a purpose to coerce or terrorize any person; or

(c) The person threatens to commit any crime against the property of another with a purpose to coerce or terrorize any person; or

(d) The person threatens to commit any crime against the person of another with a purpose to terrorize any person; or

(e) The person threatens to commit any crime of violence with a purpose to cause evacuation of a building, place of assembly, facility of public transportation or otherwise to cause serious public inconvenience, or in reckless disregard of causing such fear, terror or inconvenience.

II. (a) Criminal threatening is a class B felony if the person:

(1) Violates the provisions of subparagraph I(e); or

(2) Uses a deadly weapon as defined in RSA 625:11, V in the violation of the provisions of subparagraph I(a), I(b), I(c), or I(d).

(b) All other criminal threatening is a misdemeanor.

III. As used in this section, "property" has the same meaning as in RSA 637:2, I; "property of another" has the same meaning as in RSA 637:2, IV.

Source. 1971, 518:1. 1983, 338:1. 1994, 187:2, eff. Jan. 1, 1995. 1996, 92:1, eff. Jan. 1, 1997.

12.Pennsylvania statutes.

CRIMES AND OFFENSES (TITLE 18)

§ 2706. Terroristic threats.

(a) Offense defined. A person is guilty of a misdemeanor of the first degree if he threatens to commit any crime of violence with intent to terrorize another or to cause evacuation of a building, place of assembly, or facility of public transportation, or otherwise to cause serious public inconvenience, or in reckless disregard of the risk of causing such terror or inconvenience.

(b) Restitution. If the building, place of assembly or facility of public transportation is owned or occupied by a school district, the person convicted of violating this section shall, in addition to any other sentence imposed, be sentenced to pay the school district restitution in an amount equal to the cost of the evacuation, including, but not limited to, the transportation of students and staff from the building, place of assembly or facility.

(c) Preservation of private remedies. No judgment or order of restitution shall debar the school district, by appropriate action, to recover from the offender as otherwise provided by law, provided that any civil award shall be reduced by the amount paid under the criminal judgment.

13. Texas statutes.

Sec. 22.07. Terroristic Threat.

(a) A person commits an offense if he threatens to commit any offense involving violence to any person or property with intent to:

(1) cause a reaction of any type to his threat by an official or volunteer agency organized to deal with emergencies;

(2) place any person in fear of imminent serious bodily injury; or

(3) prevent or interrupt the occupation or use of a building; room; place of assembly; place to which the public has access; place of employment or occupation; aircraft, automobile, or other form of conveyance; or other public place; or

(4) cause impairment or interruption of public communications, public transportation, public water, gas, or power supply or other public service.

(b) An offense under Subdivision (1) or (2) of Subsection (a) is a Class B misdemeanor. An offense under Subdivision (3) of Subsection (a) is a Class A misdemeanor. An offense under Subdivision (4) of Subsection (a) is a felony of the third degree.

Acts 1973, 63rd Leg., p. 883, ch. 399, Sec. 1, eff. Jan. 1, 1974. Amended by Acts 1979, 66th Leg., p. 1114, ch. 530, Sec. 2, eff. Aug. 27, 1979; Acts 1993, 73rd Leg., ch. 900, Sec. 1.01, eff. Sept. 1, 1994.

---

[i] Herausgegeben von Gustav Radbruch, 4. Auflage, Hrsg.: Arthur Kaufmann, Philipp Reclam jun. Stuttgart, 1975.

[ii] Texte der Strafgesetzbücher (außer RStGB und Bayern 1861) zu finden in: Stenglein, Sammlung der deutschen Strafgesetzbücher, Hrsg. M. Stenglein, 1.- 3. Band, München 1857, Verlag von Christian Kaiser; Art. 305 des Strafgesetzbuches des Königreichs Bayern von 1861 abgedruckt in: Bayrhammer, Das Delikt der Bedrohung, S. 40.

[iii] Abgedruckt in: Schierlinger, Die Friedensbürgschaft, S. 78.

[iv] Zu finden im Internet im „Buffalo Criminal Law Center“; http: //wings.buffalo.edu/law/bclc/resource.htm.

Literaturverzeichnis

Amelung, Knut, Rechtsgüterschutz und Schutz der Gesellschaft. Untersuchungen zum Inhalt und zum Anwendungsbereich eines Strafrechtsprinzips auf dogmengeschichtlicher Grundlage. Zugleich ein Beitrag zur Lehre von der „Sozialschädlichkeit" des Verbrechens. Frankfurt/M.: Athenäum Verlag GmbH, 1972.

American Law Institute, Model Penal Code. Official draft and explanatory notes. Completed Text of Model Penal Code. Philadelphia, PA: The American Law Institute, 1985.

Androulakis, Nikolaos, Über den Primat der Strafe. ZStW 108 (1996), S. 300 - 332.

Arzt, Gunther, Strafrecht, besonderer Teil: ein Lehrbuch in 5 Heften von Gunther Arzt und Ulrich Weber. LH 1. Delikte gegen die Person. 3. Aufl. Bielefeld: Gieseking, 1988 (zitiert: Strafrecht BT).

Baumann, Jürgen, Alternativ-Entwurf Wiedergutmachung (AE-WGM). Entwurf eines Arbeitskreises deutscher, österreichischer und schweizerischer Strafrechtslehrer (Arbeitskreis AE). Vorgelegt u.a. von Jürgen Baumann, Albin Eser, Claus Roxin und Thomas Weigand. München: Beck, 1992.

Bayrhammer, Wilhelm, Das Delikt der Bedrohung. Diss. Tübingen: Heinrich Caupp jr., 1896.

Berner, Albert Friedrich, Lehrbuch des Deutschen Strafrechtes. 3. Aufl. Leipzig: Bernhard Tauchniz, 1866.

Bertel, Christian / Schwaighofer, Klaus, Österreichisches Strafrecht. Bes. Teil I. 4. Aufl. Wien, New York: Springer, 1995.

Binding, Karl, Die Normen und ihre Übertretung. Eine Untersuchung über die rechtmäßige Handlung und die Arten des Delikts. 2. Band. Schuld und Vorsatz. Leipzig: Wilhelm Engelmann, 1877.

- Lehrbuch des Gemeinen Deutschen Strafrechts. Besonderer Teil. Erster Band. 2. Aufl. Leipzig: Wilhelm Engelmann, 1902.

Blei, Hermann, Strafrecht: e. Studienbuch. Allgemeiner Teil. Begr. von Edmund Mezger. 18. Aufl. München: Beck, 1983 (zitiert: Strafrecht AT).

- Strafrecht: e. Studienbuch. Besonderer Teil. Begr. von Edmund Mezger. 12. Aufl. München: Beck, 1983 (zitiert: Strafrecht BT).

Blumenwitz, Dieter, Einführung in das anglo-amerikanische Recht: Rechtsquellenlehre, Methode der Rechtsfindung, Arbeiten mit praktischen Rechtsfällen. 6. Aufl. München: Beck, 1998 (zitiert: Einführung in das anglo-amerikanische Recht).

Bockelmann, Paul, Strafrecht, allgemeiner Teil. Begr. von Paul Bockelmann. Neubearb. von Klaus Volk. 4. Aufl. München: Beck, 1987 (zitiert: Strafrecht AT).

Brodag, Wolf-Dietrich, Strafrecht: Kurzlehrbuch zum Besonderen Teil des StGB. 8. Aufl. Stuttgart; München; Hannover; Berlin; Weimar; Dresden: Boorberg, 1998 (zitiert: Strafrecht BT).

Brunnenmeister, E., Die Quellen der Bambergensis. Ein Beitrag zur Geschichte des deutschen Strafrechts. Leipzig: Wilhelm Engelmann, 1879.

Calliess, Rolf-Peter, Theorie der Strafe im demokratischen und sozialen Rechtsstaat. Ein Beitrag zur strafrechtsdogmatischen Grundlagendiskussion. Fischer Taschenbuch Verlag, 1974.

Eisenhardt, Ulrich, Deutsche Rechtsgeschichte. 3. Aufl. München: Beck, 1999.

Engisch, Karl, Die Einheit der Rechtsordnung. Heidelberg: Carl Winter, 1935.

Feuerbach, Anselm Ritter v., Lehrbuch des gemeinen in Deutschland gültigen Peinlichen Rechts. Hrsg. C.J.A. Mittermaier. 14. Aufl. Giessen: Georg Friedrich Heyer, 1847 (zitiert: Lehrbuch des gemeinen Rechts).

Frauenstädt, Paul, Blutrache und Totschlagsühne im Deutschen Mittelalter. Studien zur Kultur- und Rechtsgeschichte. Leipzig: Duncker & Humblot, 1881.

Freund, Georg, Strafrecht Allgemeiner Teil. Personale Straftatenlehre. Berlin; Heidelberg: Springer, 1998.

Frey, Erwin, Ausbau des Strafensystems?, Zürich, ZStW 65 (1953), S. 3-52.

Frisch, Wolfgang, Das Marburger Programm und die Maßregeln der Besserung und Sicherung, ZStW 94 (1982), S. 565-598.

- Tatbestandsmäßiges Verhalten und Zurechnung des Erfolges, Heidelberg: Müller, Jur. Verlag, 1988.

- Die Maßregeln der Besserung und Sicherung im strafrechtlichen Rechtsfolgensystem. Straftheoretische Einordnung, inhaltliche Ausgestaltung und rechtsstaatliche Anforderungen. ZStW 102 (1990), S. 343-393.

- An den Grenzen des Strafrechts. In: Beiträge zur Rechtswissenschaft: Festschrift für Walter Stree zum 70. Geburtstag. Hrsg: Wilfried Küper und Jürgen Welp. Heidelberg: Müller, Jur. Verl., 1993. S. 69-106.

- Wesentliche Strafbarkeitsvoraussetzungen einer modernen Strafgesetzgebung. In: Von totalitärem zu rechtsstaatlichem Strafrecht. Kriminalpolitische Reformtendenzen im Strafrecht osteuropäischer Länder. Internationales Symposium in Buchenbach bei Freiburg im Breisgau vom 27.- 31. Mai 1992. Hrsg.: Albin Eser. Freiburg im Breisgau: Max-Planck-Inst. für Ausländisches und Internat. Strafrecht, 1993. S. 201-253 (zitiert: Strafbarkeitsvoraussetzungen einer modernen Strafgesetzgebung).

- Prognoseentscheidungen in der strafrechtlichen Praxis, Baden-Baden: Nomos Verl.-Ges., 1994.

- Maßregeln der Besserung und Sicherung. In: Ergänzbares Lexikon des Rechts. Ordner 3. Gruppe 8: Strafrecht. Luchterhand, 1996

Glaser, Julius, Abhandlungen aus dem Oesterreichischen Strafrecht. Erster Band. Wien: Verlag von Tendler & Comp. 1858.

Gmür, *Rudolf*, Grundriß der deutschen Rechtsgeschichte / von Rudolf Gmür und Andreas Roth. 8. Aufl. Neuwied; Kriftel: Luchterhand, 1998.

Goehrs, *Otto*, Die Delikte der friedensstörenden Androhung und der Bedrohung im geltenden Strafrecht. ZStW 19 (1899), S. 479-532.

Goltdammer, Die Materialien zum Straf-Gesetzbuche für die Preußischen Staaten. Kommentar, Theil II. Berlin: Carl Heymann, 1852 (zitiert: Materialien).

Gössel, Karl Heinz, Strafrecht – Besonderer Teil. Band 1. Delikte gegen immaterielle Rechtsgüter des Individuums. Heidelberg: Müller, 1987 (zitiert: Strafrecht BT I).

Grünhut, Max, Methodische Grundlagen der heutigen Strafrechtswissenschaft. In: Festgabe für Reinhard von Frank zum 70. Geburtstag. Band I. Tübingen: J.C.B. Mohr (Paul Siebeck), 1930.

Haft, Fritjof, Strafrecht, Besonderer Teil: Die wichtigsten Tatbestände des Besonderen Teiles des Strafgesetzbuches. 7. Aufl. München: Beck, 1998 (zitiert: Strafrecht BT).

Hälschner, Hugo, Das gemeine deutsche Strafrecht. Zweiter Band. Der besondere Theil des Systems. Erste Abteilung. Bonn: Verlag von Adolph Marcus, 1884 (zitiert: Das gemeine deutsche Strafrecht II).

Harster, Theodor, Das Strafrecht der freien Reichsstadt Speier in Theorie und Praxis. Breslau: M. & H. Marcus, 1900.

Hassemer, Winfried, Theorie und Soziologie des Verbrechens. Ansätze zu einer praxisorientierten Rechtsgutslehre. Athenäum Fischer Taschenbuch Verlag, 1973.

- Buchbesprechungen, ZStW 87 (1975), S. 146 – 164

Heffter, August Wilhelm, Lehrbuch des gemeinen deutschen Criminalrechts mit Rücksicht auf ältere und neuere Landesrechte. 6. Aufl. Braunschweig: Schwetschke und Sohn, 1857 (zitiert: Lehrbuch des gemeinen deutschen Criminalrechts).

Hirsch, Hans Joachim, Einwilligung und Selbstbestimmung. In: Festschrift für Hans Welzel zum 70. Geburtstag am 25. März 1974. Hrsg. von Günter Stratenwerth, Armin Kaufmann, Gerd Geilen, Hans Joachim Hirsch, Hans-Ludwig Schreiber, Günther Jakobs und Fritz Loos. Berlin, New York: Walter de Gruyter, 1974.

His, Rudolf, Das Strafrecht des deutschen Mittelalters. Erster Teil: Die Verbrechen und ihre Folgen im allgemeinen. Leipzig: Theodor Weicher, 1920.

Honig, Richard, Die Einwilligung des Verletzten. Teil I. Die Geschichte des Einwilligungsproblems und die Methodenfrage. Mannheim; Berlin; Leipzig: J. Bensheimer, 1919.

Hug von Schlieren, Heinrich, Die Drohung im Strafrecht. Diss. Zürich: Hans A. Gutzwiller, 1924.

Jäger, Herbert, Strafgesetzgebung und Rechtsgüterschutz bei Sittlichkeitsdelikten. Eine kriminalsoziologische Untersuchung. Stuttgart: Ferdinand Enke Verlag, 1957.

Jakobs, Günther, Kriminalisierung im Vorfeld einer Rechtsgutsverletzung. ZStW 97 (1985), S. 751-785.

- Strafrecht, Allgemeiner Teil: die Grundlagen und die Zurechnungslehre. Lehrbuch. 2. Aufl. Berlin; New York: de Gruyter, 1991 (zitiert: Strafrecht AT).

- Das Strafrecht zwischen Funktionalismus und „alteuropäischem" Prinzipiendenken. ZStW 107 (1995), 843-876.

Jescheck, Hans-Heinrich / Weigend, Thomas, Lehrbuch des Strafrechts, Allgemeiner Teil. Bis 4. Auflage verfasst von Hans-Heinrich Jescheck. 5. Aufl. Berlin: Duncker & Humblot, 1996 (zitiert: Lehrbuch des Strafrechts AT).

Joecks, Wolfgang, Strafgesetzbuch – Studienkommentar, München: Beck, 1999 (zitiert: Strafgesetzbuch).

John, Richard, Ueber Landzwang und widerrechtliche Drohungen. Göttingen: Bandenhoeck und Ruprecht, 1852.

Kienapfel, Diethelm, Grundriß des österreichischen Strafrechts. Bes. Teil. Band I. Delikte gegen Personenwerte. 3. Aufl. Wien: Manzsche Verlags- und Universitätsbuchhandlung, 1990.

- Strafrecht, Allgemeiner Teil: Lernprogramm; mit Fällen und Lösungen. 6. Aufl. Wien: Manz, 1999 (zitiert: Strafrecht AT).

Kindhäuser, Urs, Gefährdung als Straftat. Rechtstheoretische Untersuchungen zur Dogmatik der abstrakten und konkreten Gefährdungsdelikte. Frankfurt am Main: Klostermann, 1989.

- Personalität, Schuld und Vergeltung. Zur rechtsethischen Legitimation und Begrenzung der Kriminalstrafe. GA 1989, S. 493 – 507.

Kleineberg, Julius, Die Drohung als Mittel zur Begehung strafbarer Handlungen. Diss. Borna-Leipzig: Robert Noske, 1907.

Knapp, Hermann, Das alte Nürnberger Kriminalrecht. Nach Rats-Urkunden erläutert. Berlin: J.Guttentag, 1896.

- Alt-Regensburger Gerichtsverfassung, Strafverfahren und Strafrecht bis zur Carolina. Nach urkundlichen Quellen dargestellt. Berlin: J. Guttentag, 1914.

Köbler, Gerhard, Deutsche Rechtsgeschichte: ein systematischer Grundriss der geschichtlichen Grundlagen des deutschen Rechts von den Indogermanen bis zur Gegenwart. 5. Aufl. München: Vahlen, 1996.

Kuhlen, Lothar, Zum Strafrecht der Risikogesellschaft. GA 1994, S. 347-367.

Lackner, Karl / Kühl, Kristian, Strafgesetzbuch mit Erläuterungen. Bearbeitet von Karl Lackner und Kristian Kühl. Begründer: Eduard Dreher und Hermann Maassen. 23. Aufl. München: Beck, 1999 (zitiert: *Bearbeiter* in Lackner / Kühl).

Lampe, Ernst-Joachim, Rechtsgut, kultureller Wert und individuelles Bedürfnis. In: Festschrift für Hans Welzel zum 70. Geburtstag am 25. März 1974. Hrsg. von Günter Stratenwerth, Armin Kaufmann, Gerd Geilen, Hans Joachim Hirsch, Hans-Ludwig Schreiber, Günther Jakobs und Fritz Loos. Berlin, New York: Walter de Gruyter, 1974.

Laufhütte, Heinrich, Das Vierzehnte Strafrechtsänderungsgesetz, MDR 1976, S. 441 – 447.

Leipziger Kommentar zum Strafgesetzbuch. Grosskommentar. Hrsg. von Hans-Heinrich Jescheck, Wolfgang Ruß und Günther Willms. Begr. von Ludwig Ebermeyer, Adolf Lobe und Werner Rosenberg. Berlin; New York: de Gruyter. Bd. 3. §§ 61 – 79b. 10. Aufl. 1985. Bd. 4. §§ 80 – 184c. 10. Aufl. 1988. Bd. 5. §§ 185 – 262. 10. Aufl. 1988 (zitiert: *Bearbeiter* in LK).

Liszt, Franz v., Rechtsgut und Handlungsbegriff im Bindingschen Handbuche. Ein kritischer Beitrag zur juristischen Methodenlehre. ZStW (1886), S. 663 – 698.

- Der Begriff des Rechtsgutes im Strafrecht und in der Encyklopädie der Rechtswissenschaft, ZStW 8 (1888), S. 133 – 156 (zitiert: Der Begriff des Rechtsguts im Strafrecht).

- Lehrbuch des Deutschen Strafrechts, 12. u. 13. Aufl. Berlin: J. Guttentag, 1903.

Loos, Fritz, Zum „Rechtsgut" der Bestechungsdelikte. In: Festschrift für Hans Welzel zum 70. Geburtstag am 25. März 1974. Hrsg. von Günter Stratenwerth, Armin Kaufmann, Gerd Geilen, Hans Joachim Hirsch, Hans-Ludwig Schreiber, Günther Jakobs und Fritz Loos. Berlin; New York: Walter de Gruyter, 1974.

Ludington, John P., Validity and construction of terroristic threat statutes, 45 ALR4th 949, 1986.

Matter, H. A., Die Friedensbürgschaft. Diss. Aaran: Sauerländer & Co, 1909.

Marx, Michael, Zur Definition des Begriffs >Rechtsgut<. Prolegomena einer materialen Verbrechenslehre. Köln; Berlin; Bonn; München: Carl Heymanns Verlag KG, 1972.

McKinney's Consolidated Laws of New York Annotated. Interim update. West Group, September 1999.

Meyer-Goßner, Lutz, Strafprozeßordnung, Gerichtsverfassungsgesetz, Nebengesetze und ergänzende Bestimmungen. Begr. von Otto Schwarz. 22. bis 35. Aufl. von Theodor Kleinknecht und 36. bis 39. Aufl. von Karlheinz Meyer bearbeitet. 44. Auflage München: Beck, 1999 (zitiert: *Kleinknecht / Meyer-Goßner*, StPO).

Müller-Dietz, Heinz, Aspekte und Konzepte der Strafrechtsbegrenzung. In: Festschrift für Rudolf Schmitt zum 70. Geburtstag. Hrsg. von Klaus Geppert, Joachim Bohnert und Rudolf Rengier. Tübingen: Mohr, 1992.

Naucke, Wolfgang, Strafrecht: eine Einführung. 9. Aufl. Neuwied; Kriftel: Luchterhand, 2000 (zitiert: Strafrecht).

Newell, Frank B. / Stafford, Scott, Arkansas Criminal Code Annotated, 1999 Edition, Lexis Law Publishing.

Noll, Peter, Die ethische Begründung der Strafe. Tübingen: J.C.B. Mohr, 1962.

Nomos-Kommentar zum Strafgesetzbuch, Gesamtredaktion: Ulfried Neumann; Wolfgang Schild [Bearb. Von Hans-Jörg Albrecht ...]. Grundwerk 1995. 7. Lieferung Baden-Baden: Nomos Verlagsgesellschaft, 2000 (zitiert: *Bearbeiter* in NK).

Otto, Harro, Grundkurs Strafrecht. Die einzelnen Delikte. 5. Aufl. Berlin; New York: de Gruyter, 1998 (zitiert: Grundkurs Strafrecht).

Pieroth, Bodo / Schlink, Bernhard, Grundrechte. Staatsrecht II. 15. Aufl. Heidelberg: Müller, 1999.

Puchelt, Sigismund, Das Strafgesetzbuch für das Deutsche Reich. Mit den amtlichen Motiven und mit Erläuterungen. Karlsruhe: Horchler, 1871 (zitiert: Strafgesetzbuch).

Rengier, Rudolf, Strafrecht – besonderer Teil. 2. Delikte gegen die Person und die Allgemeinheit. München: Beck, 1998 (zitiert: Strafrecht BT II).

Ritter, Rudolf, Die Behandlung schädlicher Leute in der Carolina. Art. 176 in Verbindung mit Art. 128 der PGO. Kaiser Karls V. von 1532. Breslau: Schletter'sche Buchhandlung, 1930.

Roxin, Claus, Strafrecht. Allgemeiner Teil. Band I. Grundlagen – Der Aufbau der Verbrechenslehre. 3. Aufl. München: Beck, 1997 (zitiert: Strafrecht AT).

- Sinn und Grenzen staatlicher Strafe, JuS 1966, S. 377 - 387.

Rudolphi, Hans-Joachim, Die verschiedenen Aspekte des Rechtsgutsbegriffs. In: Festschrift für Richard M. Honig zum 80. Geburtstag. Göttingen: Verlag Otto Schwartz & Co, 1970.

- Systematischer Kommentar zum Strafgesetzbuch von Hans-Joachim Rudolphi, Eckhard Horn und Erich Samson. Neuwied; Kriftel: Metzner. Bd. 1: Allgemeiner Teil. 7. Aufl. 2000. Bd. 2: Besonderer Teil. 6. Aufl. 1998 (zitiert: *Bearbeiter* in SK).

Saage, Erwin, Freiheitsentziehung und Unterbringung: materielles Recht und Verfahrensrecht. Kurzkommentar. Begr. von Erwin Saage. In 2. Aufl. fortgef. von Horst Göppinger. 3. Aufl. München: Beck, 1994 (zitiert: Freiheitsentziehung und Unterbringung).

Scheel, Willy, Das alte Bamberger Strafrecht vor der Bambergensis. Berlin: Vahlen, 1903.

Schierlinger, Franz, Die Friedensbürgschaft. Ein historisch-criminalpolitischer Versuch. Diss. Erlangen: Verlag von A. Deichert, 1877.

Schimmel, Dominique, Täter-Opfer-Ausgleich als Alternative? Eine rechtstatsächliche Untersuchung über Möglichkeiten und Stellenwert des Täter-Opfer-Ausgleichs in der (jugend-)staatsanwaltschaftlichen Praxis. Frankfurt am Main; Berlin; Bern; Bruxelles; New York; Oxford; Wien: Lang, 2000.

Schmidhäuser, Eberhard, Über die Anzeigepflicht des Teilnehmers. Festschrift für Paul Bockelmann zum 70. Geburtstag am 7. Dezember 1978. Hrsg. Arthur Kaufmann. München: Beck, 1979. S. 683 - 698.

- Strafrecht, besonderer Teil: Grundriss. 2. Aufl. Tübingen: Mohr, 1983 (zitiert: Strafrecht BT).

Schönke, Adolf / Schröder, Horst, Strafgesetzbuch. Kommentar. 25. Aufl. (Bearbeiter: Theodor Lenckner, Peter Cramer, Albin Eser, Walter Stree) München: Beck, 1997 (zitiert: *Bearbeiter* in S/S).

Schroeder, Friedrich-Christian, Die Bedrohung mit Verbrechen. In: Festschrift für Karl Lackner zum 70. Geburtstag am 18. Februar 1987. Hrsg. von Wilfried Küper in Verbindung mit Ingeborg Puppe u. Jörg Tenckhoff – Berlin; New York: de Gruyter, 1987. S. 665 - 675.

- Strafrecht, Besonderer Teil, begr. von Reinhart Maurach. Fortgef. v. Fr. Ch. Schroeder und Manfred Maiwald; ab 6. Aufl. 1977 fortgef. von Fr. Ch. Schroeder. Teilband 1. Straftaten gegen Persönlichkeits- und Vermögenswerte. 8. Aufl. Heidelberg: Müller, 1995 (zitiert: Schroeder, Strafrecht BT I).

- Strafrecht. Besonderer Teil, Teilband 2: Straftaten gegen Gemeinschaftswerte. Begr. von Reinhart Maurach. Fortgef. von Friedrich-Christian Schroeder und Manfred Maiwald. 8. Aufl. Heidelberg: Müller, 1999 (zitiert: Schroeder, Strafrecht BT II).

Schroth, Ulrich, Strafrecht, Besonderer Teil. 2. Aufl. Stuttgart; München; Hannover; Berlin; Weimar; Dresden: Boorberg, 1998 (zitiert: Strafrecht BT).

Schubarth, Martin, Kommentar zum schweizerischen Strafrecht. Schweizerisches Strafgesetzbuch. Besonderer Teil. 3. Band. Bern: Stämpfli & Cie AG, 1984.

Schubert, Werner: Die Quellen zum Strafgesetzbuch von 1870/71, GA 1982, S. 191-218.

Schünemann, Bernd, Geistige Situation der deutschen Strafrechtswissenschaft. GA 1995, S. 201-229.

Schwinge, Erich, Teleologische Begriffsbildung im Strafrecht. Ein Beitrag zur strafrechtlichen Methodenlehre. Bonn: Ludwig Röhrscheid, 1930.

Sina, Peter, Die Dogmengeschichte des strafrechtlichen Begriffs „Rechtsgut". Basel: Helbing & Lichtenhahn, 1962.

Spendel, Günter, Zum Problem der Bedrohung durch einen Gewalttäter. Festschrift für Rudolf Schmitt zum 70. Geburtstag. Hrsg. von Klaus Geppert – Tübingen: Mohr, 1992. S. 205 - 214 (zitiert: Zum Problem der Bedrohung).

Stenglein, Melchior, Sammlung der deutschen Strafgesetzbücher, Hrsg. M. Stenglein, 1.- 3. Band, München: Verlag von Christian Kaiser, 1857.

Stratenwerth, Günter, Strafrecht, Allgemeiner Teil. 1. Die Straftat. 3. Aufl. Köln; Berlin; Bonn; München: Heymann, 1981. 4. Aufl. Köln; Berlin; Bonn; München: Heymann, 2000 (zitiert: Strafrecht AT).

Suhr, Christian, Zur Begriffsbestimmung von Rechtsgut und Tatobjekt im Strafrecht. JA 1990, S. 303 – 308 (zitiert: Rechtsgut und Tatobjekt im Strafrecht).

Thilo, Wilhelm, Strafgesetzbuch für das Großherzogtum Baden. Karlsruhe: Christian Theodor Groos, 1845.

Tiedemann, Klaus, Tatbestandsfunktionen im Nebenstrafrecht. Untersuchungen zu einem rechtsstaatlichen Tatbestandsbegriff, entwickelt am Problem des Wirtschaftsstrafrechts. Tübingen: J.C.B. Mohr (Paul Siebeck), 1969.

Tittmann, Carl August, Handbuch der Strafrechtswissenschaft und der deutschen Strafgesetzkunde. Erster Band. 2. Aufl. Halle: Hemmerde und Schwetschke, 1822.

- Handbuch der Strafrechtswissenschaft und der deutschen Strafgesetzkunde, Zweiter Band. 2. Aufl. Halle: Hemmerde und Schwetschke, 1823.

Trechsel, Stefan, Schweizerisches Strafgesetzbuch. Kurzkommentar. Zürich: Schulthess Polygraphischer Verlag, 1989.

Tröndle, Herbert, Strafgesetzbuch und Nebengesetze. Erl. von Herbert Tröndle und Thomas Fischer. 49. Aufl. des von Otto Schwarz begr., in der 23. bis 37. Aufl. von Eduard Dreher bearb. Werkes. München: Beck, 1999 (zitiert: *Bearbeiter* in Tröndle / Fischer).

Walther, Susanne, Vom Rechtsbruch zum Realkonflikt. Grundlagen und Grundzüge einer Wiedergutmachung und Strafe verbindenden Neuordnung des kriminalrechtlichen Sanktionensystems. Berlin: Duncker und Humblot, 2000.

Welzel, Hans, Das Deutsche Strafrecht. 11. Aufl. Berlin: Walter de Gruyter & Co, 1969.

Wilda, Eduard, Das Strafrecht der Germanen, 1842, Neudruck Scientia Aalen 1960.

Zipf, Heinz, Kriminalpolitik: e. Lehrbuch. 2. Aufl. Heidelberg; Karlsruhe: Müller, Juristischer Verlag, 1980.

FSC
www.fsc.org
MIX
Papier | Fördert gute Waldnutzung
FSC® C083411

Kolibri 360 GmbH
Ferdinand-Jühlke-Straße 7
99095 Erfurt, Deutschland
produktsicherheit@kolibri360.de

Druck:
CPI Druckdienstleistungen GmbH
im Auftrag der
Kolibri 360 GmbH
Ferdinand-Jühlke-Str. 7
99095 Erfurt